PROJECT
531

수 준 별 단 기 특 강 서

HYPER

수학 I H

531 PROJECT 수학 I HYPER

발행일	201805 초판 1쇄 202403 초판 4쇄
펴낸이	정선욱
펴낸곳	이투스에듀(주) 서울시 서초구 남부순환로 2547
고객센터	1599–3225
등록번호	제2007–000035호
ISBN	979–11–6123–587–5 [53410]

*531 PROJECT*와 함께라면
쉽고 빠르게 성적을 올릴 수 있습니다!

*531 PROJECT*는 쉽게 익히고, 빠르게 다지고, 확실히
성적을 올릴 수 있는 영역별 단기 특강 교재입니다.

쉽게 E

531 PROJECT 중 가장 쉽게 개념과 원리를 익힐 수 있는 교재입니다.

- **하나** 단원별 꼭 알아야 하는 핵심 개념과 이론을 충실하게 기술한 교재입니다.
- **둘** 핵심 개념별로 출제 빈도수가 높은 대표 유형 중 학교 내신 문제 또는 수능 2, 3점으로 출제 가능한 문제를 집중 학습할 수 있는 교재입니다.
- **셋** 문제 풀이를 통하여 학습한 내용을 완벽하게 습득할 수 있도록 친절하고 상세한 해설과 첨삭을 덧붙인 교재입니다.

빠르게 S

531 PROJECT 중 가장 빠르게 빈출 유형을 다질 수 있는 교재입니다.

- **하나** 단원별 꼭 알아야 하는 핵심 개념은 물론 빈출 유형을 집중적으로 학습할 수 있는 교재입니다.
- **둘** 단원별로 주로 다루어지는 빈출 유형 중 학교 내신 문제 또는 수능 3, 4점으로 출제 가능한 문제를 집중 학습할 수 있는 교재입니다.
- **셋** 문제 풀이를 통하여 유형별 해결 능력을 확실하게 다질 수 있도록 친절하고 상세한 해설과 첨삭을 덧붙인 교재입니다.

우월하게 H

531 PROJECT 중 가장 심도 있는 학습으로 최고 실력을 가늠할 수 있는 교재입니다.

- **하나** 단원별 꼭 알아야 하는 핵심 개념은 물론 심화 유형을 집중적으로 학습할 수 있는 교재입니다.
- **둘** 두 가지 이상의 개념을 사용해야 해결할 수 있는 심화 유형 중 내신 또는 수능 고난도 문항으로 출제 가능한 문제를 집중 학습할 수 있는 교재입니다.
- **셋** 문제 풀이를 통하여 상위권 유형 및 킬러 문제에 대비할 수 있도록 친절하고 상세한 해설을 담은 교재입니다.

이 책의 구성과 특징

Structures

개념 & 대표 유형 짚어보기

- 중단원 별로 꼭 알아두어야 할 개념 및 공식만을 모아 제공하였습니다.
- 최상위의 실력을 다지기 위한 다양한 상위권 유형의 문제를 제공하였습니다.

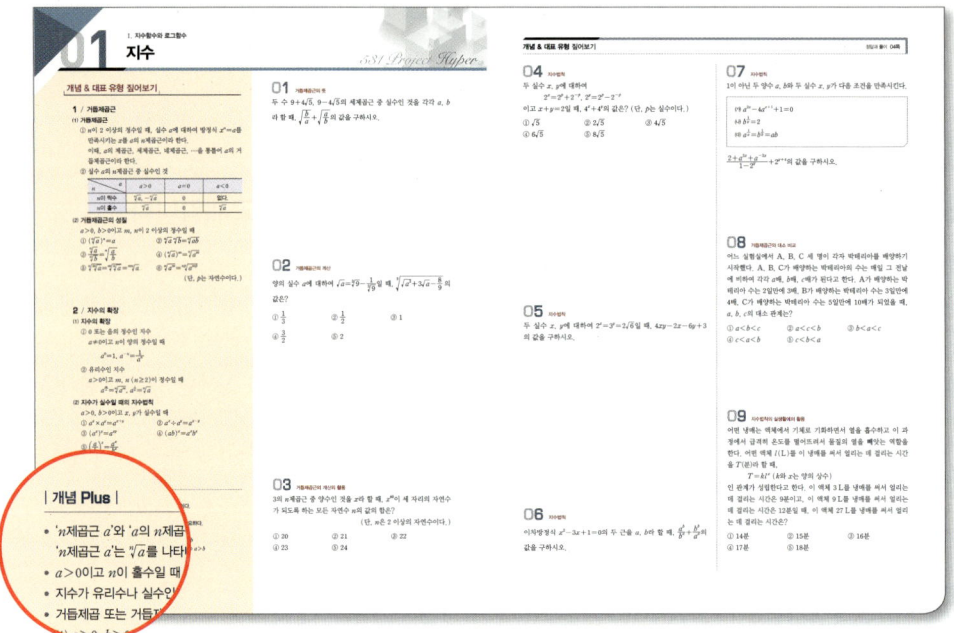

개념 Plus
개념에 대한 추가적인 설명을 담아 좀 더
쉽게 개념을 이해할 수 있도록 하였습니다.

심화 유형 도전하기

- 문제 해결력을 키울 수 있는 다양한
  난이도의 문항을 제공하여 최상위 실
  력을 다질 수 있도록 하였습니다.
- 각 문항별로 문제 풀이 시간을 제공
  하여 학생 스스로 자신의 풀이 시간
  이 적절한지 확인할 수 있도록 하였
  습니다.
- 각 문항별로 예상 정답률을 제공하여
  학생 자신의 학업 성취 수준을 가늠할
  수 있습니다.

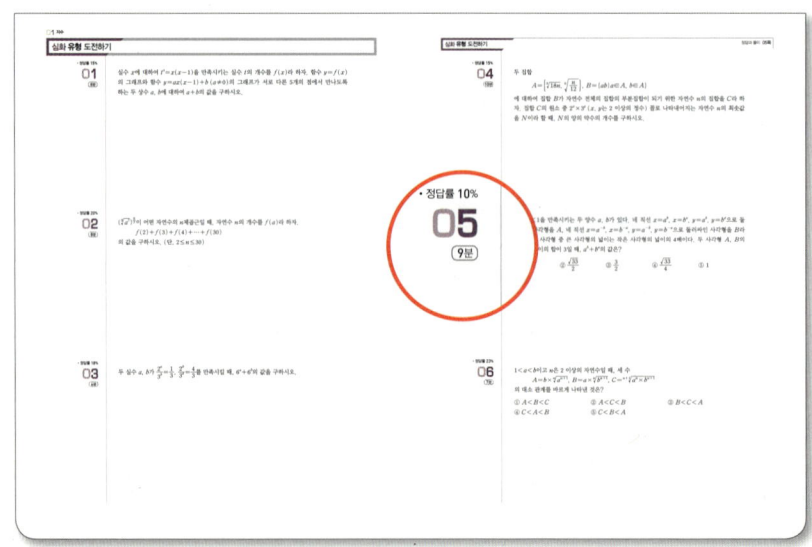

개념 확장 & 수리논술 · 창의 사고력 문제

대단원별로 수리논술을 대비하기 위한 창의 사고력 문제를 제공
하여 깊이 있는 수학적 사고를 할 수 있도록 하였습니다.

정답과 풀이

· 모든 문항을 상세하게 풀이하여 오답의 이유를 스스로 찾을 수 있도록 하였습니다.

· [다른 풀이] 및 [보충 설명]을 제시하여 다양한 사고를 할 수 있도록 하였습니다.

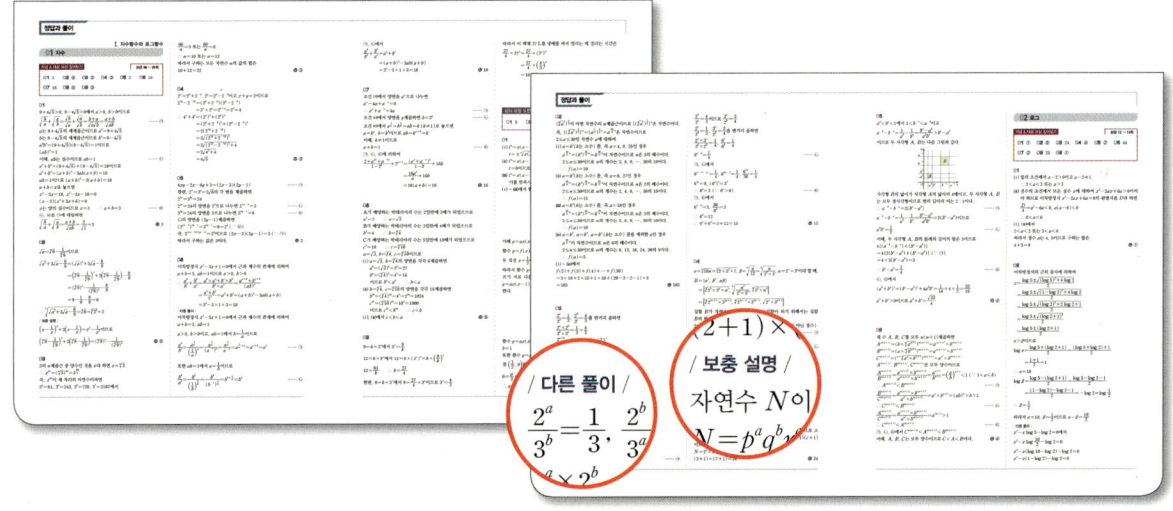

Contents

I

지수함수와
로그함수

01 지수

개념 & 대표 유형 짚어보기

1 / 거듭제곱근

(1) 거듭제곱근

① n이 2 이상의 정수일 때, 실수 a에 대하여 방정식 $x^n=a$를 만족시키는 x를 a의 n제곱근이라 한다.

이때, a의 제곱근, 세제곱근, 네제곱근, …을 통틀어 a의 거듭제곱근이라 한다.

② 실수 a의 n제곱근 중 실수인 것

n＼a	$a>0$	$a=0$	$a<0$
n이 짝수	$\sqrt[n]{a}, -\sqrt[n]{a}$	0	없다.
n이 홀수	$\sqrt[n]{a}$	0	$\sqrt[n]{a}$

(2) 거듭제곱근의 성질

$a>0$, $b>0$이고 m, n이 2 이상의 정수일 때

① $(\sqrt[n]{a})^n=a$
② $\sqrt[n]{a}\,\sqrt[n]{b}=\sqrt[n]{ab}$
③ $\dfrac{\sqrt[n]{a}}{\sqrt[n]{b}}=\sqrt[n]{\dfrac{a}{b}}$
④ $(\sqrt[n]{a})^m=\sqrt[n]{a^m}$
⑤ $\sqrt[m]{\sqrt[n]{a}}=\sqrt[n]{\sqrt[m]{a}}=\sqrt[mn]{a}$
⑥ $\sqrt[n]{a^m}=\sqrt[np]{a^{mp}}$

（단, p는 자연수이다.）

2 / 지수의 확장

(1) 지수의 확장

① 0 또는 음의 정수인 지수

$a \neq 0$이고 n이 양의 정수일 때

$$a^0=1, \quad a^{-n}=\dfrac{1}{a^n}$$

② 유리수인 지수

$a>0$이고 m, n $(n \geq 2)$이 정수일 때

$$a^{\frac{m}{n}}=\sqrt[n]{a^m}, \quad a^{\frac{1}{n}}=\sqrt[n]{a}$$

(2) 지수가 실수일 때의 지수법칙

$a>0$, $b>0$이고 x, y가 실수일 때

① $a^x \times a^y=a^{x+y}$
② $a^x \div a^y=a^{x-y}$
③ $(a^x)^y=a^{xy}$
④ $(ab)^x=a^x b^x$
⑤ $\left(\dfrac{a}{b}\right)^x=\dfrac{a^x}{b^x}$

| 개념 Plus |

- 'n제곱근 a'와 'a의 n제곱근'
  'n제곱근 a'는 $\sqrt[n]{a}$를 나타내며 'a의 n제곱근' 중 하나이다.
- $a>0$이고 n이 홀수일 때, $\sqrt[n]{-a}=-\sqrt[n]{a}$
- 지수가 유리수나 실수인 경우는 밑이 양수라는 조건이 필요하다.
- 거듭제곱 또는 거듭제곱근의 대소 관계
  (1) $a>0$, $b>0$이고 n이 양의 실수일 때, $a^n>b^n \Longleftrightarrow a>b$
  (2) $a>0$, $b>0$이고 n이 2 이상의 정수일 때, $\sqrt[n]{a}>\sqrt[n]{b} \Longleftrightarrow a>b$

01 거듭제곱근의 뜻

두 수 $9+4\sqrt{5}$, $9-4\sqrt{5}$의 세제곱근 중 실수인 것을 각각 a, b라 할 때, $\sqrt{\dfrac{b}{a}}+\sqrt{\dfrac{a}{b}}$의 값을 구하시오.

02 거듭제곱근의 계산

양의 실수 a에 대하여 $\sqrt{a}=\sqrt[3]{9}-\dfrac{1}{\sqrt[3]{9}}$일 때, $\sqrt[3]{\sqrt{a^3+3\sqrt{a}-\dfrac{8}{9}}}$의 값은?

① $\dfrac{1}{3}$
② $\dfrac{1}{2}$
③ 1
④ $\dfrac{3}{2}$
⑤ 2

03 거듭제곱근의 계산의 활용

3의 n제곱근 중 양수인 것을 x라 할 때, x^{60}이 세 자리의 자연수가 되도록 하는 모든 자연수 n의 값의 합은?

（단, n은 2 이상의 자연수이다.）

① 20
② 21
③ 22
④ 23
⑤ 24

04 지수법칙

두 실수 x, y에 대하여

$$2^x = 2^p + 2^{-p}, \quad 2^y = 2^p - 2^{-p}$$

이고 $x+y=2$일 때, $4^x + 4^y$의 값은? (단, p는 실수이다.)

① $\sqrt{5}$ ② $2\sqrt{5}$ ③ $4\sqrt{5}$

④ $6\sqrt{5}$ ⑤ $8\sqrt{5}$

05 지수법칙

두 실수 x, y에 대하여 $2^x = 3^y = 2\sqrt{6}$일 때, $4xy - 2x - 6y + 3$의 값을 구하시오.

06 지수법칙

이차방정식 $x^2 - 3x + 1 = 0$의 두 근을 a, b라 할 때, $\dfrac{a^b}{b^a} + \dfrac{b^b}{a^a}$의 값을 구하시오.

07 지수법칙

1이 아닌 두 양수 a, b와 두 실수 x, y가 다음 조건을 만족시킨다.

(가) $a^{2x} - 4a^{x+1} + 1 = 0$

(나) $b^{\frac{1}{y}} = 2$

(다) $a^{\frac{1}{a}} = b^{\frac{1}{b}} = ab$

$\dfrac{2 + a^{2x} + a^{-2x}}{1 - 2^y} + 2^{y+4}$의 값을 구하시오.

08 거듭제곱근의 대소 비교

어느 실험실에서 A, B, C 세 명이 각자 박테리아를 배양하기 시작했다. A, B, C가 배양하는 박테리아의 수는 매일 그 전날에 비하여 각각 a배, b배, c배가 된다고 한다. A가 배양하는 박테리아 수는 2일만에 3배, B가 배양하는 박테리아 수는 3일만에 4배, C가 배양하는 박테리아 수는 5일만에 10배가 되었을 때, a, b, c의 대소 관계는?

① $a < b < c$ ② $a < c < b$ ③ $b < a < c$

④ $c < a < b$ ⑤ $c < b < a$

09 지수법칙의 실생활에의 활용

어떤 냉매는 액체에서 기체로 기화하면서 열을 흡수하고 이 과정에서 급격히 온도를 떨어뜨려서 물질의 열을 빼앗는 역할을 한다. 어떤 액체 l(L)를 이 냉매를 써서 얼리는 데 걸리는 시간을 T(분)라 할 때,

$$T = kl^x \quad (k\text{와 } x\text{는 양의 상수})$$

인 관계가 성립한다고 한다. 이 액체 3 L를 냉매를 써서 얼리는 데 걸리는 시간은 9분이고, 이 액체 9 L를 냉매를 써서 얼리는 데 걸리는 시간은 12분일 때, 이 액체 27 L를 냉매를 써서 얼리는 데 걸리는 시간은?

① 14분   ② 15분   ③ 16분

④ 17분   ⑤ 18분

심화 유형 도전하기

01

실수 x에 대하여 $t^4 = x(x-1)$을 만족시키는 실수 t의 개수를 $f(x)$라 하자. 함수 $y = f(x)$의 그래프와 함수 $y = ax(x-1) + b$ $(a \neq 0)$의 그래프가 서로 다른 5개의 점에서 만나도록 하는 두 상수 a, b에 대하여 $a + b$의 값을 구하시오.

02

$\left(\sqrt[3]{a^7}\right)^{\frac{5}{2}}$이 어떤 자연수의 n제곱근일 때, 자연수 n의 개수를 $f(a)$라 하자.
$$f(2) + f(3) + f(4) + \cdots + f(30)$$
의 값을 구하시오. (단, $2 \leq n \leq 30$)

03

두 실수 a, b가 $\dfrac{2^a}{3^b} = \dfrac{1}{3}$, $\dfrac{2^b}{3^a} = \dfrac{4}{3}$를 만족시킬 때, $6^a + 6^b$의 값을 구하시오.

· 정답률 15%

10분

두 집합

$$A = \left\{ \sqrt[3]{18n}, \sqrt[6]{\dfrac{n}{12}} \right\}, \ B = \{ ab \mid a \in A, \ b \in A \}$$

에 대하여 집합 B가 자연수 전체의 집합의 부분집합이 되기 위한 자연수 n의 집합을 C라 하자. 집합 C의 원소 중 $2^x \times 3^y$ (x, y는 2 이상의 정수) 꼴로 나타내어지는 자연수 n의 최솟값을 N이라 할 때, N의 양의 약수의 개수를 구하시오.

· 정답률 10%

9분

$a^b < b^a < 1$을 만족시키는 두 양수 a, b가 있다. 네 직선 $x = a^b$, $x = b^a$, $y = a^b$, $y = b^a$으로 둘러싸인 사각형을 A, 네 직선 $x = a^{-b}$, $x = b^{-a}$, $y = a^{-b}$, $y = b^{-a}$으로 둘러싸인 사각형을 B라 할 때, 두 사각형 중 큰 사각형의 넓이는 작은 사각형의 넓이의 4배이다. 두 사각형 A, B의 둘레의 길이의 합이 3일 때, $a^b + b^a$의 값은?

① 3 　　　② $\dfrac{\sqrt{33}}{2}$ 　　　③ $\dfrac{3}{2}$ 　　　④ $\dfrac{\sqrt{33}}{4}$ 　　　⑤ 1

· 정답률 23%

7분

$1 < a < b$이고 n은 2 이상의 자연수일 때, 세 수

$$A = b \times \sqrt[n]{a^{n+1}}, \ B = a \times \sqrt[n]{b^{n+1}}, \ C = \sqrt[n+1]{a^n \times b^{n+1}}$$

의 대소 관계를 바르게 나타낸 것은?

① $A < B < C$ 　　　② $A < C < B$ 　　　③ $B < C < A$

④ $C < A < B$ 　　　⑤ $C < B < A$

02 로그

개념 & 대표 유형 짚어보기

1 / 로그의 뜻과 성질

(1) 로그의 정의

$a>0$, $a \neq 1$일 때, 양수 N에 대하여 $a^x=N$을 만족시키는 실수 x를 $\log_a N$으로 나타내고, a를 밑으로 하는 N의 로그라 한다. 이때, N을 $\log_a N$의 진수라 한다.

$$a^x=N \iff x=\log_a N$$

(2) 로그의 성질

$a>0$, $a \neq 1$, $M>0$, $N>0$일 때

① $\log_a 1=0$, $\log_a a=1$

② $\log_a MN=\log_a M+\log_a N$

③ $\log_a \dfrac{M}{N}=\log_a M-\log_a N$

④ $\log_a M^k=k \log_a M$ (단, k는 실수이다.)

(3) 로그의 밑의 변환

$a>0$, $b>0$, $b \neq 1$, $c>0$일 때

① $\log_a c=\dfrac{\log_b c}{\log_b a}$ ② $\log_a b=\dfrac{1}{\log_b a}$

(4) 로그의 여러 가지 성질

$a>0$, $b>0$일 때

① $\log_{a^m} b^n=\dfrac{n}{m} \log_a b$

(단, m, n은 실수이고, $a \neq 1$, $m \neq 0$이다.)

② $a^{\log_c b}=b^{\log_c a}$ (단, $c>0$, $c \neq 1$)

2 / 상용로그의 뜻과 성질

(1) 상용로그의 정의

10을 밑으로 하는 로그를 상용로그라 하고, 상용로그 $\log_{10} N$은 보통 밑을 생략하여 $\log N$과 같이 나타낸다.

(2) 상용로그의 정수 부분

양수 N에 대하여 $\log N=n+\alpha$ (n은 정수, $0 \leq \alpha<1$일 때

① $n \geq 0$이면 $N \geq 1$이고 N은 정수 부분이 $(n+1)$자리인 수

② $n<0$이면 $0<N<1$이고 N은 소수점 아래 $-n$째 자리에서 처음으로 0이 아닌 숫자가 나타나는 수

(3) 상용로그의 소수 부분

숫자의 배열이 같고 소수점의 위치만 다른 양수의 상용로그의 소수 부분은 모두 같다.

| 개념 Plus |

• $N>1$이고 $\log N$의 정수 부분이 n ($n \geq 0$)이다.

$\iff n \leq \log N<n+1$

$\iff 10^n \leq N<10^{n+1}$

$\iff N$의 정수 부분은 $(n+1)$자리이다.

01 로그의 정의

모든 실수 x에 대하여 $\log_{a-2}(x^2-2ax+6a)$의 값이 존재하도록 하는 모든 정수 a의 값의 합은?

① 9 ② 12 ③ 15

④ 18 ⑤ 21

02 로그의 성질

방정식 $x^2-x \log 5-\log 2=0$의 두 실근을 각각 $\log \alpha$, $\log \beta$라 할 때, $\alpha-\beta$의 값은? (단, $\alpha>\beta$)

① $\dfrac{11}{2}$ ② $\dfrac{13}{2}$ ③ $\dfrac{15}{2}$

④ $\dfrac{17}{2}$ ⑤ $\dfrac{19}{2}$

03 로그의 성질

등식 $\log_{12} \dfrac{n}{2}=\log_{24} n$을 만족시키는 자연수 n의 값을 구하시오.

04 로그의 성질

삼각형의 세 변의 길이 a, b, c에 대하여

$$\log_{a+b}(a-b) \times \log_c(a-b)$$
$$= 2\log_{a+b}(a-b) - \log_c(a-b)$$

를 만족시키는 삼각형은 어떤 삼각형인가?

(단, $a>b$, $a+b \neq 1$, $a-b \neq 1$, $c \neq 1$)

① 둔각삼각형

② $a=c$인 이등변삼각형

③ $b=c$인 이등변삼각형

④ 빗변의 길이가 a인 직각삼각형

⑤ 빗변의 길이가 c인 직각삼각형

05 상용로그의 정수 부분과 소수 부분

양수 x에 대하여 $f(x) = \log x - [\log x]$라 할 때, 〈보기〉에서 옳은 것만을 있는 대로 고른 것은?

(단, $[x]$는 x보다 크지 않은 최대의 정수이다.)

┌ 보기 ├
ㄱ. $f(x^3) = 3f(x)$

ㄴ. $f(x) \neq 0$일 때, $f(x) + f\left(\dfrac{1}{x}\right) = 1$

ㄷ. $f(x) = f(y)$이면 $x=y$이다.

① ㄱ   ② ㄴ   ③ ㄷ

④ ㄱ, ㄴ   ⑤ ㄴ, ㄷ

06 상용로그의 정수 부분과 소수 부분

다음 조건을 만족시키는 모든 자연수 n의 개수를 구하시오.

㉮ $\log n$의 소수 부분과 $\log 50$의 소수 부분이 같다.

㉯ n의 양의 약수의 개수는 2019 이하이다.

07 상용로그의 정수 부분과 소수 부분

양의 실수 x에 대하여 $\log x$의 정수 부분과 소수 부분을 각각 $f(x)$, $g(x)$라 할 때, 다음 조건을 만족시키는 모든 x의 값의 곱은?

㉮ $f(x) + 3g(x)$의 값은 정수이다.

㉯ $f(x) + f(x^2) = 6$

① 10^4 ② $10^{\frac{13}{3}}$ ③ $10^{\frac{14}{3}}$

④ 10^5 ⑤ $10^{\frac{16}{3}}$

08 상용로그의 정수 부분과 소수 부분의 성질

$\log_3(\log_2 x) = 2$를 만족시키는 양수 x에 대하여 $\left(\dfrac{1}{\sqrt[8]{2}}\right)^x$은 소수점 아래 n째 자리에서 처음으로 0이 아닌 숫자 a가 나타난다. $n+a$의 값을 구하시오.

(단, $\log 2 = 0.3010$, $\log 3 = 0.4771$로 계산한다.)

09 상용로그의 실생활에의 활용

해수면의 공기의 밀도를 A_0, 해수면으로부터 높이가 h m인 곳의 공기의 밀도를 A_h라 하자. 공기의 밀도와 해수면으로부터의 높이 사이에는

$$h = k\log\frac{A_0}{A_h} \quad (k는 상수)$$

인 관계가 성립한다고 한다. 어느 지역의 해수면의 공기의 밀도는 1이고, 해수면으로부터 높이가 100 m인 곳의 공기의 밀도는 0.8이었을 때, 이 지역의 해수면으로부터의 높이가 5000 m인 곳의 공기의 밀도는?

(단, $\log 2 = 0.3010$, $\log 1.414 = 0.1500$으로 계산한다.)

① 0.00001414   ② 0.0001414   ③ 0.001414

④ 0.01414   ⑤ 0.1414

심화 유형 도전하기

• 정답률 15%
01
7분

양수 x에 대하여 $\log x$의 소수 부분을 $g(x)$라 하자. 다음 조건을 만족시키는 두 자연수 a, b에 대하여 b의 최댓값을 M, 최솟값을 m이라 할 때, $M-m$의 값을 구하시오.

> (가) $\log a = 2 + g(b)$, $\log b = 1 + g(a)$
> (나) ab는 다섯 자리의 자연수이다.

• 정답률 18%
02
5분

자연수 n에 대하여 $n \log 2$를
$$n \log 2 = k + r \ (k는 \ 정수, \ 0 \le r < 1)$$
와 같이 나타낼 때, 정수 k의 값을 $f(n)$이라 하자. 예를 들어, $f(3)=0$, $f(4)=1$이다.
이때, 함수 $g(n)$을 다음과 같이 정의하자.

> (i) $f(n+1)=f(n)$일 때, $g(n)=0$
> (ii) $f(n+1)>f(n)$일 때, $g(n)=1$

등식 $g(1)+g(2)+g(3)+\cdots+g(n)=10$을 만족시키는 모든 자연수 n의 값의 합을 구하시오. (단, $\log 2 = 0.3010$으로 계산한다.)

• 정답률 17%
03
6분

양의 실수 x에 대하여 $\log x$의 정수 부분을 $[\log x]$로 나타내자. $[\log kx]=[\log x]+1$을 만족시키는 자연수 k의 최솟값이 6이 되도록 하는 세 자리의 자연수 x의 개수를 구하시오.

04

(11분)

네 자리의 자연수 M에 대하여 $f(x)=[\log Mx]$ $(x=1, 2, 3, \cdots)$라 정의하자. 〈보기〉에서 옳은 것만을 있는 대로 고른 것은? (단, $[x]$는 x보다 크지 않은 최대의 정수이다.)

┌ 보기 ┤

ㄱ. $f(10)=f(1)+1$

ㄴ. $f(1)+f(2)+f(3)+\cdots+f(10)$의 최댓값과 최솟값의 합은 70이다.

ㄷ. $f(1)+f(2)+f(3)+\cdots+f(10)=37$을 만족시키는 자연수 M의 개수는 834이다.

① ㄱ   ② ㄷ   ③ ㄱ, ㄴ   ④ ㄴ, ㄷ   ⑤ ㄱ, ㄴ, ㄷ

05

(5분)

잠수함은 일정한 깊이까지 잠수한 후 수평으로 운행하게 된다. 최대 8000 m 깊이까지 잠수할 수 있는 잠수함이 h m까지 잠수하는 데 소요되는 시간을 t분이라 하면

$$t=k \log \frac{9000}{9000-h} \ (k\text{는 상수})$$

인 관계가 성립한다고 한다. 이 잠수함이 1000 m 깊이부터 4000 m 깊이까지 잠수하는 데 소요되는 시간이 40초일 때, 이 잠수함이 잠수를 시작한 후부터 6000 m 깊이까지 잠수하는 데 소요되는 시간은? (단, $\log 2=0.30$, $\log 3=0.48$로 계산한다.)

① 1분   ② 1분 12초   ③ 1분 24초   ④ 1분 36초   ⑤ 1분 48초

06

(8분)

정수기에는 물속의 오염된 물질을 걸러내기 위하여 흡착제를 사용하는데, 흡착제의 무게를 m g, 흡착된 물질의 양을 x g, 흡착이 일어난 후 용액 속의 흡착 물질의 농도를 C mg/L라 하면

$$\log \frac{x}{m}=\log k+\frac{1}{n}\log C \ (k,\ n\text{은 양의 상수})$$

가 성립한다고 한다. 두 개의 흡착제 A, B의 무게를 각각 m_1, m_2, 흡착된 물질의 양을 각각 x_1, x_2라 하면 $m_1 : m_2 = 1 : 3$, $x_1 : x_2 = 2 : 5$이다. 이때, 흡착제 A를 이용했을 때의 흡착이 일어난 후 흡착 물질의 농도는 흡착제 B를 이용했을 때의 흡착이 일어난 후 흡착 물질의 농도의 몇 배인가?

① $\left(\dfrac{5}{6}\right)^{\frac{1}{n}}$ ② $\left(\dfrac{5}{6}\right)^{n}$ ③ $\left(\dfrac{6}{5}\right)^{\frac{1}{n}}$ ④ $\left(\dfrac{6}{5}\right)^{n}$ ⑤ $2^{\frac{1}{n}}$

03 지수함수

개념 & 대표 유형 짚어보기

1 / 지수함수의 뜻과 그래프

(1) 지수함수의 뜻

$a>0$, $a≠1$일 때, $y=a^x$을 a를 밑으로 하는 지수함수라 한다.

(2) 지수함수 $y=a^x$ $(a>0, a≠1)$의 그래프

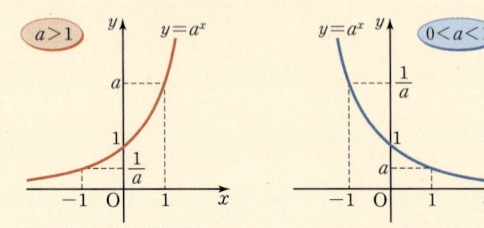

① 정의역은 실수 전체의 집합이고, 치역은 양의 실수 전체의 집합이다.

② a의 값에 관계없이 그래프는 항상 점 $(0, 1)$을 지나고, x축을 점근선으로 가진다.

③ $a>1$일 때, x의 값이 증가하면 y의 값도 증가한다.

　$0<a<1$일 때, x의 값이 증가하면 y의 값은 감소한다.

④ $y=a^x$의 그래프와 $y=\left(\dfrac{1}{a}\right)^x$의 그래프는 y축에 대하여 대칭이다.

2 / 지수방정식과 지수부등식

(1) 지수방정식

① 밑을 같게 할 수 있는 경우

　밑을 같게 한 다음 지수를 비교한다.

$$a^{f(x)}=a^{g(x)} \Longleftrightarrow f(x)=g(x) \text{ (단, } a>0, a≠1)$$

② 지수가 같은 경우

　밑을 비교하거나 지수가 0임을 이용한다.

$$a^{f(x)}=b^{f(x)} \Longleftrightarrow a=b \text{ 또는 } f(x)=0$$
$$\text{(단, } a>0, a≠1, b>0, b≠1)$$

③ a^x 꼴이 반복되는 경우

　$a^x=t$ $(t>0)$로 치환하여 t에 대한 방정식을 푼다.

(2) 지수부등식

① 밑을 같게 할 수 있는 경우

　밑을 같게 한 다음 지수를 비교한다.

　㉠ $a>1$일 때, $a^{f(x)}<a^{g(x)} \Longleftrightarrow f(x)<g(x)$

　㉡ $0<a<1$일 때, $a^{f(x)}<a^{g(x)} \Longleftrightarrow f(x)>g(x)$

② a^x 꼴이 반복되는 경우

　$a^x=t$ $(t>0)$로 치환하여 t에 대한 부등식을 푼다.

| 개념 Plus |

- **지수함수의 최대, 최소**

　정의역이 $\{x \mid m≤x≤n\}$인 지수함수 $y=a^x$은

　(1) $a>1$이면 $x=m$일 때 최솟값 a^m, $x=n$일 때 최댓값 a^n을 갖는다.

　(2) $0<a<1$이면 $x=m$일 때 최댓값 a^m, $x=n$일 때 최솟값 a^n을 갖는다.

---

01 지수함수의 그래프

실수 k의 값에 관계없이 직선 $y=ax+k$가 두 곡선

$y=3×2^x+2$, $y=\dfrac{1}{3}×2^x-2$와 서로 다른 두 점에서 만나고

이들 두 점 사이의 거리가 일정하도록 하는 실수 a의 값은?

① $-\dfrac{3}{2}$ 　　② $-\log_3 2$ 　　③ $-\log_2 3$

④ $-2\log_3 2$ 　　⑤ $-2\log_2 3$

02 지수함수의 그래프

두 함수 $f(x)=a^x+a^{-x}$,
$g(x)=a^x-a^{-x}$에 대하여 직선
$x=m$과 두 곡선 $y=f(x)$,
$y=g(x)$ 및 x축과의 교점을 각각
A, B, H$_1$이라 하고 직선 $x=n$과
두 곡선 $y=f(x)$, $y=g(x)$ 및 x
축과의 교점을 각각 C, D, H$_2$라 하
자. $\overline{\text{AH}_1}:\overline{\text{BH}_1}=3:1$, $\overline{\text{CH}_2}:\overline{\text{DH}_2}=2:1$일 때, $\dfrac{g(m+n)}{f(m+n)}$의

값은? (단, $m>0$, $n>0$, $a>1$)

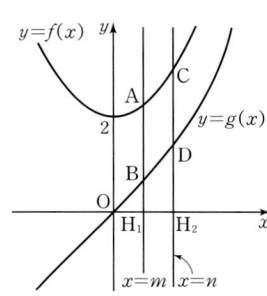

① $\dfrac{3}{5}$ 　　② $\dfrac{2}{3}$ 　　③ $\dfrac{5}{7}$

④ $\dfrac{7}{9}$ 　　⑤ $\dfrac{4}{5}$

03 지수함수의 그래프

함수 $y=(\sqrt{2})^x$의 그래프와 직선 $y=k(x+4)$가 서로 다른 두
점 A, B에서 만난다. 두 점 A, B의 x좌표를 각각 $α$, $β$ $(α<β)$
라 하면 $β-α=4$일 때, 상수 k의 값은?

① $\dfrac{\sqrt[3]{4}}{16}$ 　　② $\dfrac{\sqrt[3]{4}}{8}$ 　　③ $\dfrac{3\sqrt[3]{4}}{16}$

④ $\dfrac{\sqrt[3]{4}}{4}$ 　　⑤ $\dfrac{5\sqrt[3]{4}}{16}$

04 지수함수의 그래프

두 함수 $f(x)=\{x\}-1$, $g(x)=3^x$에 대하여 함수 $y=f(g(x))$의 그래프와 직선 $y=mx$의 교점의 개수가 3이 되기 위한 자연수 4^m의 최댓값을 구하시오.

(단, $\{x\}$는 x보다 작지 않은 최소의 정수이다.)

05 지수함수의 그래프

2보다 큰 자연수 a에 대하여 두 곡선 $y=2^x$, $y=-2^x+a$가 직선 $y=1$과 만나는 점을 각각 A, B라 하고, 두 곡선의 교점을 C라 하자. 삼각형 ABC의 넓이가 $\dfrac{21}{4}$이 되도록 하는 a의 값은?

① 7   ② 8   ③ 9
④ 10   ⑤ 11

06 지수함수의 최대, 최소

양의 실수 a에 대하여 x에 대한 함수
$y=(a^x-2)^2+(a^{-x}-2)^2$의 최솟값을 구하시오.

07 지수함수의 최대, 최소

정의역이 $\{x \mid -3 \le x \le 2\}$인 함수 $y=\dfrac{2^x-3^x}{2^x+3^x}$의 최솟값을 m이라 할 때, $169m^2$의 값을 구하시오.

08 지수방정식과 지수부등식

함수 $f(x)=2^x$, $g(x)=2^{16-x}$에 대하여 함수 $y=f(x)$의 그래프 위의 한 점 $A(p, f(p))$를 지나고 기울기가 1인 직선이 함수 $y=g(x)$의 그래프와 만나는 점을 $B(q, g(q))$라 하자. $\overline{AB}=16\sqrt{2}$일 때, 2^p의 값은? (단, $p<q$)

① $-7+\sqrt{63}$ ② $-7+\sqrt{65}$ ③ 1
④ $-8+\sqrt{65}$ ⑤ $-8+\sqrt{67}$

09 지수방정식과 지수부등식

방정식 $2^x+(34-5a)2^{-x}+a-10=0$이 서로 다른 두 실근을 갖도록 하는 양의 실수 a의 값의 범위는 $m<a<n$일 때, $5mn$의 값을 구하시오.

심화 유형 도전하기

01
[6분]

세 함수 $f(x)=15^x$, $g(x)=5^x$, $h(x)=3^x$에 대하여 세 곡선 $y=f(x)$, $y=g(x)$, $y=h(x)$ 와 직선 $y=n$ $(n=2, 3, 4, \cdots)$과의 교점을 각각 A_n, B_n, C_n이라 하자. $k(n)=\dfrac{\overline{A_nB_n}}{\overline{A_nC_n}}$으로 정의할 때, $k(2)+k(3)+k(4)+\cdots+k(17)$의 값은?

① $(\log_5 16)^2$ ② $(\log_5 27)^2$ ③ $(\log_5 81)^2$ ④ $(\log_5 128)^2$ ⑤ $\log_5 625$

02
[7분]

자연수 n에 대하여 함수 $y=2^{x-n}$의 그래프와 함수 $y=-4^{-x}+10$의 그래프로 둘러싸인 도형 안의 점들 중 x좌표와 y좌표가 모두 정수인 점들의 개수를 $f(n)$이라 하자. $f(1)+f(2)+f(3)+f(4)+f(5)$의 값을 구하시오. (단, 경계선 위의 점은 제외한다.)

03
[7분]

함수 $f(x)=\begin{cases} 2^{x+1} & (x<a) \\ 16\left(\dfrac{1}{2}\right)^x-4 & (x\geq a) \end{cases}$에 대하여 $f(0)<f(a)<f(1)$이 성립하도록 하는 실수 a의 값의 범위가 $\log_2 p<a<\log_2 q$일 때, 두 실수 p, q에 대하여 $3(p+q)$의 값을 구하시오.

04 [7분]

• 정답률 14%

함수 $f(x)=2^x$에 대하여 $f\left(\dfrac{1}{a}\right)f\left(\dfrac{1}{b}\right)f\left(\dfrac{1}{c}\right)=\sqrt[6]{32}$를 만족시키는 세 자연수 a, b, c에 대하여 abc의 최댓값은?

① 84   ② 90   ③ 96   ④ 102   ⑤ 108

05 [8분]

• 정답률 14%

$x>0$에서 정의된 함수 $f(x)=\dfrac{2^x-2^{-x}}{2}$의 역함수를 $g(x)$라 하자. 등식 $g\left(\dfrac{7}{2}k\right)=3g(k)$를 만족시키는 실수 k의 값은?

① $\dfrac{\sqrt{2}}{4}$ ② $\dfrac{\sqrt{2}}{2}$ ③ $\sqrt{2}$ ④ $2\sqrt{2}$ ⑤ $4\sqrt{2}$

06 [6분]

• 정답률 15%

두 함수 $f(x)=2^x$, $g(x)=2^{4x}$에 대하여 오른쪽 그림과 같이 곡선 $y=g(x)$ 위의 한 점 $A(1, 16)$을 지나고 x축에 평행한 직선이 곡선 $y=f(x)$와 만나는 점을 B라 하고, 곡선 $y=f(x)$ 위의 점 $C(a, 10)$에 대하여 직선 AC와 x축과의 교점을 D라 하자. 두 점 B, $E(a-5, 10)$을 지나는 직선 l과 x축과의 교점을 F라 할 때, 선분 DF의 길이는?

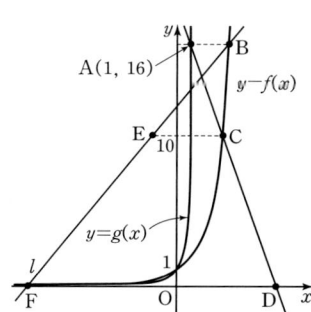

① $\dfrac{50}{3}$ ② $\dfrac{55}{3}$ ③ 20

④ $\dfrac{65}{3}$ ⑤ $\dfrac{70}{3}$

04 로그함수

개념 & 대표 유형 짚어보기

1 / 로그함수의 뜻과 그래프

(1) 로그함수의 뜻

$a>0$, $a\neq1$일 때, $y=\log_a x$를 a를 밑으로 하는 로그함수라 한다.

(2) 로그함수 $y=\log_a x$ $(a>0, a\neq1)$의 그래프

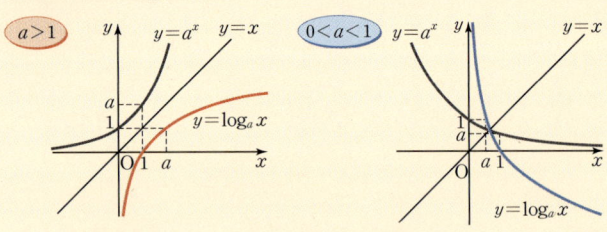

① 지수함수 $y=a^x$ $(a>0, a\neq1)$의 그래프와 직선 $y=x$에 대하여 대칭이다.

② 정의역은 양의 실수 전체의 집합이고, 치역은 실수 전체의 집합이다.

③ a의 값에 관계없이 그래프는 항상 점 $(1, 0)$을 지나고, y축을 점근선으로 가진다.

④ $a>1$일 때, x의 값이 증가하면 y의 값도 증가한다.
$0<a<1$일 때, x의 값이 증가하면 y의 값은 감소한다.

⑤ $y=\log_a x$의 그래프와 $y=\log_{\frac{1}{a}} x$의 그래프는 x축에 대하여 대칭이다.

2 / 로그방정식과 로그부등식

(1) 로그방정식

① 밑을 같게 할 수 있는 경우
밑을 같게 한 다음 진수를 비교한다.
$$\log_a f(x)=\log_a g(x) \Longleftrightarrow f(x)=g(x)$$
$$(단, a>0, a\neq1, f(x)>0, g(x)>0)$$

② $\log_a x$ 꼴이 반복되는 경우
$\log_a x=t$로 치환하여 t에 대한 방정식을 푼다.

③ 지수에 로그가 있는 경우
양변에 로그를 취하여 푼다.

(2) 로그부등식

① 밑을 같게 할 수 있는 경우
밑을 같게 한 다음 진수를 비교한다.
㉠ $a>1$일 때
$$\log_a f(x)<\log_a g(x) \Longleftrightarrow 0<f(x)<g(x)$$
㉡ $0<a<1$일 때
$$\log_a f(x)<\log_a g(x) \Longleftrightarrow f(x)>g(x)>0$$

② $\log_a x$ 꼴이 반복되는 경우
$\log_a x=t$로 치환하여 t에 대한 부등식을 푼다.

③ 지수에 로그가 있는 경우
양변에 로그를 취하여 푼다.

---

01 로그함수의 역함수

함수 $f(x)=\dfrac{1}{2}\log_2(3x+a)$의 역함수를 $g(x)$라 하면 방정식 $f(x)=g(x)$가 서로 다른 두 실근 α, β $(\alpha<\beta)$를 갖는다. $\beta-\alpha=2$일 때, $2^\beta-2^\alpha$의 값은? (단, a는 상수이다.)

① $\dfrac{\sqrt{10}}{5}$ ② $\dfrac{2\sqrt{10}}{5}$ ③ $\dfrac{3\sqrt{10}}{5}$

④ $\dfrac{4\sqrt{10}}{5}$ ⑤ $\sqrt{10}$

02 지수 · 로그함수의 그래프

함수 $f(x)$가
$$f(x)=\begin{cases} 2^x & (x<0) \\ -x+1 & (0\leq x<1) \\ \log_2 x & (x\geq1) \end{cases}$$
일 때, 〈보기〉에서 옳은 것만을 있는 대로 고른 것은?

┌ 보기 ┐

ㄱ. $(f\circ f\circ f)(-2)=f(-2)$

ㄴ. 점 $\left(0, \dfrac{1}{2}\right)$을 지나는 직선과 함수 $y=f(x)$의 그래프의 교점은 최대 5개이다.

ㄷ. 방정식 $f(x)=\dfrac{1}{2}$의 모든 근의 곱은 $-\sqrt{2}$이다.

① ㄱ   ② ㄷ   ③ ㄱ, ㄴ

④ ㄴ, ㄷ   ⑤ ㄱ, ㄴ, ㄷ

03 로그함수의 그래프

세 함수 $f(x)=\log_2(x+1)$, $g(x)=\log_4(x+4)$, $h(x)=-\log_2 x$에 대하여
$$f(a)=g(a), g(b)=h(b), h(c)=f(c)$$
일 때, 세 실수 a, b, c의 대소 관계는?

① $a<c<b$ ② $b<a<c$ ③ $b<c<a$

④ $c<a<b$ ⑤ $c<b<a$

04 로그함수의 그래프

두 함수 $y=|k+\log_2 x|$, $y=1+\log_4 x$의 그래프가 서로 다른 두 점에서 만나고 이 두 점의 x좌표의 곱이 32일 때, 상수 k의 값은? (단, $k<2$)

① -2　　　② $-\dfrac{5}{2}$　　　③ $-\dfrac{7}{4}$

④ $-\dfrac{11}{8}$　　　⑤ -1

05 로그함수의 그래프

그림과 같이 기울기가 -1인 직선 l과 두 곡선 $y=\log_2 32x$, $y=\log_2 x$의 교점을 각각 A, B라 하자. 선분 AB를 한 변으로 하는 정삼각형 ABC의 넓이가 $\dfrac{49\sqrt{3}}{2}$일 때, 두 점 A, B의 x좌표의 차를 구하시오.

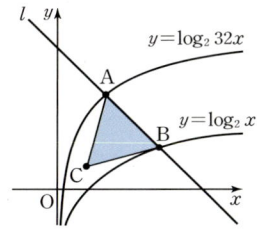

06 로그방정식

방정식 $(\log x)^2-5\log x+1=0$의 두 근을 α, β라 할 때, 방정식 $(\log x)^2-a\log x+b=0$의 두 근은 α^3, β^3이다. $a+b$의 값은? (단, a, b는 상수이다.)

① 24　　　② 26　　　③ 28

④ 30　　　⑤ 32

07 로그방정식

그림과 같이 함수 $y=\log_2|9x|$의 그래프와 함수 $y=\log_2(x+2)$의 그래프가 만나는 서로 다른 두 점을 각각 A, B라 하고, $m>2$인 실수 m에 대하여 함수 $y=\log_2|9x|$의 그래프와 함수 $y=\log_2(x+m)$의 그래프가 만나는 서로 다른 두 점을 각각 C, D라 하자. 두 점 B, C의 y좌표가 서로 같을 때, 사각형 ABDC의 넓이는?

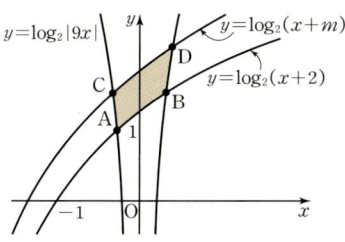

① $\log_2\sqrt{5}-1$　　　② $\log_2\sqrt{6}-1$　　　③ $2-\log_2\sqrt{5}$

④ 1　　　⑤ $\sqrt{2}$

08 로그방정식

그림과 같이 좌표평면에 $\overline{AB}=\overline{AC}$, $\overline{FD}=\overline{FE}$인 두 이등변삼각형 ABC, FDE가 있다. 세 점 A, D, F는 곡선 $y=\log_2 x$의 제1사분면 위의 점이고 점 B$(1, 0)$과 점 C는 x축 위의 점이다. 점 C와 점 D의 x좌표가 같고, 점 E는 점 D를 지나고 x축에 평행한 직선 위의 한 점이다. $\overline{BC}:\overline{DE}=1:2$이고 삼각형 ABC와 삼각형 FDE의 넓이가 같을 때, 점 C의 x좌표는?

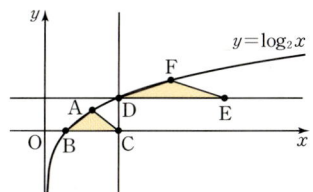

① $2+\sqrt{7}$　　　② $3+\sqrt{7}$　　　③ $4+\sqrt{7}$

④ $2+2\sqrt{7}$　　　⑤ $3+2\sqrt{7}$

09 로그방정식

함수 $f(x)=\log_2 x$에 대하여 곡선 $y=f(x)$ 위에 두 점 A$(a, f(a))$, B$(a+3, f(a+3))$이 있다. 선분 AB가 정사각형의 대각선일 때의 a의 값을 p라 하고, 선분 AB가 두 변의 길이의 비가 $2:1$인 직사각형의 대각선이고 그 직사각형의 넓이가 최대일 때의 a의 값을 q라 하자. $f(p)-f(q)$의 값은? (단, 정사각형과 직사각형의 한 변이 x축 또는 y축에 평행하다.)

① $2\log_2 3$　　　② $1+\log_2 5$　　　③ $\log_2 11$

④ $2+\log_2 3$　　　⑤ $\log_2 13$

심화 유형 도전하기

01
9분

함수 $y=\left(\log_a \dfrac{x}{4}\right)\left(\log_a \dfrac{x}{9}\right)$의 최솟값이 -1이 되도록 하는 모든 실수 a의 값의 합은?

(단, $a>0$, $a\neq 1$)

① $\dfrac{2}{3}$　　　　② 1　　　　③ $\dfrac{3}{2}$　　　　④ $\dfrac{13}{6}$　　　　⑤ $\dfrac{5}{2}$

02
5분

등식 $\log (x+y)+2\log |y|=\log (26-x-y)$를 만족시키는 두 정수 x, y의 순서쌍 (x, y)에 대하여 모든 x의 값의 합을 구하시오.

03
7분

x에 대한 방정식 $\log_2 (x-2)=\log_4 (x-a)$가 서로 다른 두 실근을 갖도록 하는 실수 a의 값의 범위는 $p<a<q$이다. $4pq$의 값을 구하시오.

· 정답률 20%

04

5분

두 양수 a, b에 대하여 〈보기〉의 부등식 중 항상 성립하는 것만을 있는 대로 고른 것은?

┌ 보기 ┐

ㄱ. $\log_2 (a+1) > \log_3 (a+2)$
ㄴ. $\log_2 (a+2) > \log_3 (a+3)$
ㄷ. $\log_2 (a+2) = \log_3 (b+3)$이면 $a < b$이다.

① ㄱ   ② ㄱ, ㄴ   ③ ㄱ, ㄷ
④ ㄴ, ㄷ   ⑤ ㄱ, ㄴ, ㄷ

· 정답률 15%

05

8분

2보다 큰 두 자연수 a, n에 대하여 다음 조건을 만족시키는 a의 최솟값을 $T(n)$이라 할 때, $T(3)+T(4)+T(5)+\cdots+T(10)$의 값을 구하시오.

두 점 $(2, 0)$, $(a, 4\log_2 a)$를 지나는 직선의 기울기가 $\log_2 n$보다 작거나 같다.

· 정답률 12%

06

10분

양수 x에 대하여 $f(x) = \log x - [\log x]$라 할 때, 다음 조건을 만족시키는 두 자연수 a, b의 순서쌍 (a, b)의 개수를 구하시오. (단, $[x]$는 x보다 크지 않은 최대의 정수이다.)

㈎ $a < b \le 20$
㈏ $\log b - 2\log a \le f(a) - f(b)$

● 자연수 n에 대하여 함수 $y=3 \times 2^{x-1}$의 그래프와 두 직선 $x=0$, $y=2n$으로 둘러싸인 도형 안의 점들 중 x좌표와 y좌표가 모두 정수인 점 (x, y)의 개수를 $S(n)$이라 하자. 함수 $y=\log_2 \dfrac{8}{3}x$의 그래프와 두 직선 $y=0$, $x=2n+1$로 둘러싸인 도형 안의 점들 중 x좌표와 y좌표가 모두 정수인 점 (x, y)의 개수를 $T(n)$이라 하자. $T(n)-S(n)>48$을 만족시키는 자연수 n의 최솟값을 구하시오.

(단, 경계선 위의 점도 포함한다.)

II

삼각함수

01 삼각함수

531 Project Hype

개념 & 대표 유형 짚어보기

1 / 일반각과 호도법

(1) 일반각

시초선과 동경 OP가 나타내는 한 각의 크기를 $a°$라 할 때, 동경 OP가 나타내는 각의 크기는 $360°×n+a°$(n은 정수)와 같이 나타낼 수 있다. 크기가 이와 같은 각을 동경 OP가 나타내는 일반각이라 한다.

(2) 호도법

① 1라디안(radian) : 반지름의 길이와 호의 길이가 같은 부채꼴의 중심각의 크기

② 1라디안 $= \dfrac{180°}{\pi}$, $1° = \dfrac{\pi}{180}$라디안

(3) 부채꼴의 호의 길이와 넓이

반지름의 길이가 r, 중심각의 크기가 θ(라디안)인 부채꼴의 호의 길이를 l, 넓이를 S라 하면

$$l=r\theta$$

$$S=\dfrac{1}{2}r^2\theta=\dfrac{1}{2}rl$$

2 / 삼각함수

(1) 원점 O에 대하여 동경 OP가 나타내는 각의 크기를 θ라 할 때, 원 $x^2+y^2=r^2$($r>0$)과 동경 OP의 교점을 P(x, y)라 하면

$$\sin\theta=\dfrac{y}{r},\ \cos\theta=\dfrac{x}{r},\ \tan\theta=\dfrac{y}{x}\ (단, x\neq0)$$

(2) 삼각함수의 값의 부호

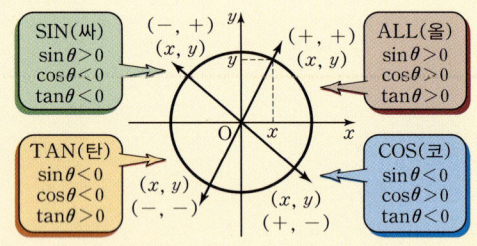

(3) 삼각함수 사이의 관계

① $\tan\theta=\dfrac{\sin\theta}{\cos\theta}$　　② $\sin^2\theta+\cos^2\theta=1$

| 개념 Plus |

• 두 동경의 위치 관계

두 동경 OP, OQ가 나타내는 각의 크기를 각각 α, β라 하면

(1) 두 동경이 일치할 때, $\alpha-\beta=360°×n$

(2) 두 동경이 일직선 위에 있고 방향이 반대일 때, $\alpha-\beta=360°×n+180°$

(3) 두 동경이 x축에 대하여 대칭일 때, $\alpha+\beta=360°×n$

(4) 두 동경이 y축에 대하여 대칭일 때, $\alpha+\beta=360°×n+180°$

(5) 두 동경이 직선 $y=x$에 대하여 대칭일 때, $\alpha+\beta=360°×n+90°$

---

01 일반각과 동경

각 θ를 나타내는 동경과 각 7θ를 나타내는 동경이 이루는 각의 크기가 $\dfrac{2}{3}\pi$일 때, 모든 실수 θ의 값의 합은 $\dfrac{q}{p}\pi$이다. $p+q$의 값을 구하시오.

$\left($단, $\dfrac{\pi}{2}<\theta<\pi$이고, p와 q는 서로소인 자연수이다.$\right)$

02 부채꼴의 호의 길이와 넓이

그림과 같이 중심이 O, 반지름의 길이가 r_1인 부채꼴이 있다. 점 O를 중심으로 하고 반지름의 길이가 r_2인 원을 그린 후, 이 원을 부채꼴에서 잘라내고 남은 도형을 R라 하자. 도형 R의 둘레의 길이가 12로 일정할 때, 도형 R의 넓이의 최댓값은? (단, $0<r_2<r_1$)

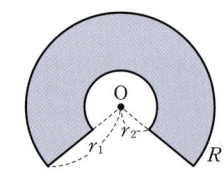

① 8　　　　② 9　　　　③ 10

④ 11　　　　⑤ 12

03 부채꼴의 호의 길이와 넓이

그림과 같이 밑면의 반지름의 길이가 $18\sqrt{3}$이고 높이가 54인 원뿔에 내접하는 구 S가 있다. 구 S와 원뿔의 밑면이 만나는 점을 A라 하고, 구 S와 원뿔의 옆면이 만나는 점들로 이루어진 도형을 C라 하자. 도형 C 위의 점 P에 대하여 점 A에서 점 P까지 구면을 따라 그은 곡선의 길이의 최솟값을 l이라 할 때, $\dfrac{l}{\pi}$의 값을 구하시오.

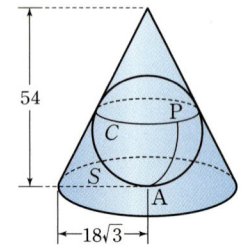

04 삼각함수의 정의

원 $x^2+y^2=1$과 직선 $y=\dfrac{1}{3}x$가 만나는 두 점 중 제1사분면 위의 점을 P$(a,\ b)$, 원 $x^2+y^2=4$와 직선 $y=-2x$가 만나는 두 점 중 제2사분면 위의 점을 Q$(c,\ d)$라 할 때, $\dfrac{a-6c}{b+d}$의 값을 구하시오.

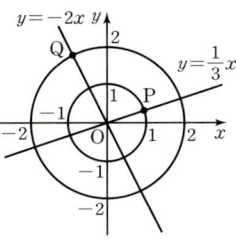

05 삼각함수 사이의 관계

$\dfrac{\sqrt{\sin\theta}}{\sqrt{\cos\theta}}=-\sqrt{\tan\theta}$이고 $|\tan\theta|=\dfrac{3}{2}$일 때,
$|\sin\theta-\cos\theta-\tan\theta|+|\cos\theta|-\sqrt{(\cos\theta+\tan\theta)^2}$의 값을 k라 하자. $39k^2$의 값을 구하시오.

06 삼각함수 사이의 관계

x에 대한 이차방정식 $x^2-2\sqrt{2}ax-a=0$의 두 근이 $\sin\theta$, $\cos\theta$일 때, $\tan\theta$의 값은? (단, a는 상수이고, $\cos\theta>0$이다.)

① $-2+\sqrt{2}$ ② $-2+\sqrt{3}$ ③ $-1+\sqrt{2}$
④ $-1+\sqrt{3}$ ⑤ $2-\sqrt{3}$

07 삼각함수 사이의 관계

그림과 같이 원 $x^2+y^2=1$ 위의 점 A에서의 접선을 l이라 하고, 직선 $x=2$가 선분 OA의 연장선, 직선 l과 만나는 점을 각각 B, C라 하자. $\overline{AC}=\sqrt{7}$일 때, 선분 BC의 길이는? (단, O는 원점이고, 점 A는 제1사분면 위의 점이다.)

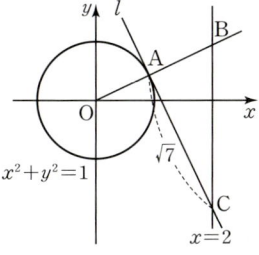

① $\dfrac{12-\sqrt{7}}{3}$ ② $\dfrac{12-2\sqrt{7}}{3}$ ③ $\dfrac{14-\sqrt{7}}{3}$

④ $\dfrac{14-2\sqrt{7}}{3}$ ⑤ $\dfrac{14-3\sqrt{7}}{3}$

08 삼각함수 사이의 관계

제1사분면의 각 θ에 대하여 $\cos\theta+\dfrac{1}{5}\sin\theta=1$일 때, $\tan\theta=\dfrac{q}{p}$이다. $p+q$의 값을 구하시오.

(단, p와 q는 서로소인 자연수이다.)

09 삼각함수 사이의 관계

그림과 같이 x축 위의 점 A와 제1사분면 위의 두 점 B, C에 대하여

$$\overline{OC}=\overline{CB}=1,\ \overline{AB}=\dfrac{1}{2},$$
$$\angle OCB=\angle OAB=\dfrac{\pi}{2}$$

인 사각형 OABC가 있다. 직선 BC의 기울기는? (단, O는 원점이고, 점 A의 x좌표는 양수이다.)

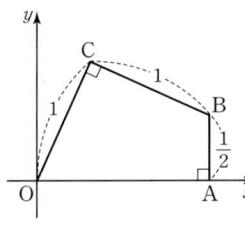

① $\dfrac{\sqrt{7}-4}{2}$ ② $\dfrac{\sqrt{7}-4}{3}$ ③ $\dfrac{\sqrt{7}-4}{4}$

④ $\dfrac{\sqrt{7}-4}{5}$ ⑤ $\dfrac{\sqrt{7}-4}{6}$

심화 유형 도전하기

· 정답률 16%

01
[7분]

그림과 같이 $\overline{AB}=\overline{AC}$인 이등변삼각형 ABC에서 변 AC 위의 점 D가
$$\overline{AD}=\overline{BD}=\overline{BC}=2$$
를 만족시킨다. $\angle ACB=\theta$라 할 때, $(4\cos\theta+1)^2$의 값을 구하시오.

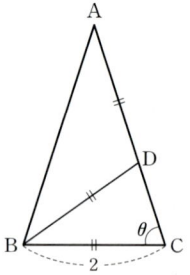

· 정답률 16%

02
[5분]

그림과 같이 반지름의 길이가 각각 1, 3이고, 중심이 각각 O_1, O_2인 두 원이 한 점에서 만나고 직선 l과 각각 점 A, 점 B에서 접한다. 직선 l과 두 원으로 둘러싸인 도형의 넓이는?

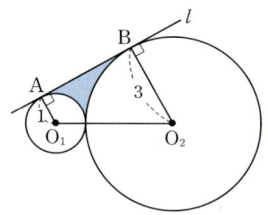

① $4\sqrt{3}-\dfrac{5}{6}\pi$ ② $4\sqrt{3}-\dfrac{7}{6}\pi$ ③ $4\sqrt{3}-\dfrac{11}{6}\pi$

④ $2\sqrt{3}-\dfrac{5}{6}\pi$ ⑤ $2\sqrt{3}-\dfrac{7}{6}\pi$

· 정답률 15%

03
[10분]

그림과 같이 좌표평면에서 원점 O를 중심으로 하고 점 A(1, 0)을 지나는 원 C가 있다. 원 C 위의 점 B에서의 접선이 x축, y축과 만나는 점을 각각 C, D라 할 때, 점 C를 지나고 x축에 수직인 직선이 선분 OB의 연장선과 만나는 점을 E라 하자. 점 C를 중심으로 하고 $\overline{CB}$를 반지름으로 하는 원이 선분 CE와 만나는 점을 F라 하고, 두 선분 BE, EF와 호 BF로 둘러싸인 도형의 넓이를 S_1, 두 선분 BC, CA와 호 AB로 둘러싸인 도형의 넓이를 S_2라 하자. $\overline{CD}=4$일 때, $\dfrac{S_1}{S_2}$의 값은?

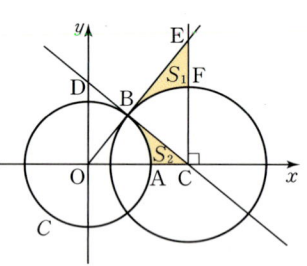

(단, 점 B는 제1사분면 위의 점이고, 점 B의 x좌표는 점 B의 y좌표보다 작다.)

① $7+\sqrt{3}$ ② $7+2\sqrt{3}$ ③ $7+3\sqrt{3}$

④ $7+4\sqrt{3}$ ⑤ $7+5\sqrt{3}$

· 정답률 12%

04

8분

함수 $f(\theta)=\tan\theta+\dfrac{1}{\cos\theta}$ $\left(0\le\theta\le\dfrac{\pi}{3}\right)$의 최댓값을 M, 최솟값을 m이라 할 때, $M+m$의 값은?

① $1+\sqrt{3}$ ② $2+\sqrt{3}$ ③ $3+\sqrt{3}$

④ $4+\sqrt{3}$ ⑤ $5+\sqrt{3}$

· 정답률 5%

05

8분

원 $x^2+y^2=1$ 위의 두 점 $\mathrm{P}(\cos t,\ \sin t)$, $\mathrm{Q}(\cos\theta,\ \sin\theta)$에 대하여 $\sin t+\sin\theta=1$일 때, $\cos t+\cos\theta$의 최댓값을 M이라 하자. $10M^2$의 값을 구하시오.

· 정답률 5%

06

10분

그림과 같이 $0<\theta<\dfrac{\pi}{2}$인 θ에 대하여 두 원 $x^2+y^2=\cos^2\theta$, $\left(x-\dfrac{1}{2}\right)^2+y^2=\dfrac{1}{4}$이 제1사분면에서 만나는 점을 A라 하자. 원점 O에 대하여 선분 OA와 호 OA로 둘러싸인 도형에 내접하는 원 중 반지름의 길이가 가장 큰 원을 C라 하자. 원 C의 반지름의 길이가 $\dfrac{1}{20}$일 때, 점 A의 좌표는 $(a,\ b)$이다. $100(a+b)$의 값을 구하시오.

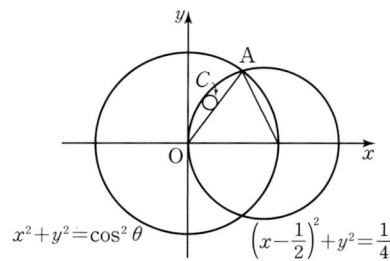

02 삼각함수의 그래프

개념 & 대표 유형 짚어보기

1 / 삼각함수의 그래프

(1) 사인함수 $y=\sin x$의 그래프

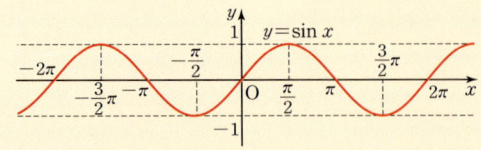

① 정의역은 실수 전체의 집합, 치역은 $\{y\,|-1\leq y\leq 1\}$이다.

② 주기가 2π인 주기함수이다.

③ 그래프는 원점에 대하여 대칭이다. 즉, $\sin(-x)=-\sin x$

(2) 코사인함수 $y=\cos x$의 그래프

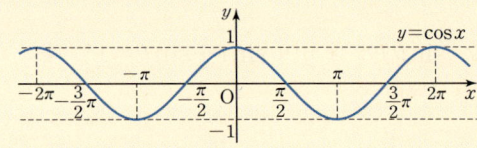

① 정의역은 실수 전체의 집합, 치역은 $\{y\,|-1\leq y\leq 1\}$이다.

② 주기가 2π인 주기함수이다.

③ 그래프는 y축에 대하여 대칭이다. 즉, $\cos(-x)=\cos x$

(3) 탄젠트함수 $y=\tan x$의 그래프

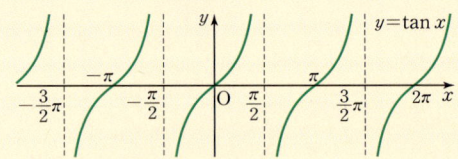

① 정의역은 $n\pi+\dfrac{\pi}{2}$ (n은 정수)를 제외한 실수 전체의 집합이고, 치역은 실수 전체의 집합이다.

② 그래프의 점근선은 직선 $x=n\pi+\dfrac{\pi}{2}$ (n은 정수)이다.

③ 주기가 π인 주기함수이다.

④ 그래프는 원점에 대하여 대칭이다. 즉, $\tan(-x)=-\tan x$

2 / 삼각함수의 그래프의 평행이동과 최대, 최소

삼각함수	주기	최댓값	최솟값
$y=a\sin(bx+c)+d$	$\dfrac{2\pi}{|b|}$	$|a|+d$	$-|a|+d$
$y=a\cos(bx+c)+d$	$\dfrac{2\pi}{|b|}$	$|a|+d$	$-|a|+d$
$y=a\tan(bx+c)+d$	$\dfrac{\pi}{|b|}$	없다.	없다.

| 개념 Plus |

• 삼각함수의 성질 (단, n은 정수이고, 복부호동순이다.)

(1) $\sin(2n\pi+\theta)=\sin\theta$, $\cos(2n\pi+\theta)=\cos\theta$, $\tan(2n\pi+\theta)=\tan\theta$

(2) $\sin(-\theta)=-\sin\theta$, $\cos(-\theta)=\cos\theta$, $\tan(-\theta)=-\tan\theta$

(3) $\sin(\pi\pm\theta)=\mp\sin\theta$, $\cos(\pi\pm\theta)=-\cos\theta$, $\tan(\pi\pm\theta)=\pm\tan\theta$

(4) $\sin\left(\dfrac{\pi}{2}\pm\theta\right)=\cos\theta$, $\cos\left(\dfrac{\pi}{2}\pm\theta\right)=\mp\sin\theta$, $\tan\left(\dfrac{\pi}{2}\pm\theta\right)=\mp\dfrac{1}{\tan\theta}$

01 주기함수의 성질

함수 $f(x)=\dfrac{\sin^2 3x+\cos x\sin x+1}{\cos 2x+3}$의 주기가 p일 때,

$f(p)+f(2p)+f(3p)+\cdots+f(100p)$의 값을 구하시오.

02 삼각함수의 그래프를 이용한 대소 비교

〈보기〉에서 옳은 것만을 있는 대로 고른 것은?

┌ 보기 ├

ㄱ. $\sin 2>\sin 1$

ㄴ. $2\cos 1>\sin 1$

ㄷ. $3\tan\dfrac{1}{3}>2\tan\dfrac{1}{2}$

① ㄱ   ② ㄱ, ㄴ   ③ ㄱ, ㄷ

④ ㄴ, ㄷ   ⑤ ㄱ, ㄴ, ㄷ

03 삼각함수의 그래프의 대칭점

함수 $f(x)=3\cos 2\pi x$ $(x\geq 0)$에 대하여 함수 $y=f(x)$의 그래프와 직선 $y=1$의 교점의 x좌표를 작은 것부터 차례대로 x_1, x_2, x_3, $\cdots$이라 하자. $f(x_{2018}+x_{2019})+f(x_{2019}+x_{2020})$의 값은?

① -6 ② -2 ③ 0

④ 2 ⑤ 6

04 삼각함수의 역함수

함수 $f(x)=\sin x \left(0\le x\le \dfrac{\pi}{2}\right)$의 역함수를 $g(x)$라 하자.

$\cos g(a)=\dfrac{3}{5}$일 때, $100a$의 값을 구하시오.

05 삼각함수를 포함한 방정식

$0\le x\le 2\pi$에서 x에 대한 방정식

$$3\sin^2 x-(4+k)\cos x-1=0$$

의 서로 다른 실근의 개수가 홀수일 때, 상수 k의 값은?

① -5 ② -4 ③ -3

④ 3 ⑤ 5

06 삼각함수를 포함한 방정식

함수 $y=x^2+(1-\sqrt{3\sin\theta})x-\cos\theta \left(0\le\theta\le\dfrac{\pi}{2}\right)$의 그래프와

직선 $y=x$가 서로 다른 두 점 A, B에서 만날 때, 선분 AB의 길이는 $2\sqrt{2}$이다. $\cos\theta$의 값을 α, β라 할 때, $25(\alpha+\beta)$의 값을 구하시오. (단, θ는 상수이다.)

07 삼각함수를 포함한 방정식

x, y에 대한 연립방정식

$$\begin{cases} \sin x+\cos y=0 \\ \cos x+\sin y=1 \end{cases} (0\le x\le\pi,\ 0\le y\le\pi)$$

의 해를 $x=\alpha$, $y=\beta$라 할 때, $\alpha+\beta$의 값은?

① $\dfrac{7}{6}\pi$ ② $\dfrac{4}{3}\pi$ ③ $\dfrac{3}{2}\pi$

④ $\dfrac{5}{3}\pi$ ⑤ $\dfrac{11}{6}\pi$

08 삼각함수를 포함한 방정식의 활용

방정식 $3\sin^2 x+2\cos x=k$가 실근을 갖도록 하는 상수 k의 값의 범위가 $\alpha\le k\le\beta$일 때, $30(\alpha+\beta)$의 값을 구하시오.

09 삼각함수를 포함한 부등식의 활용

함수 $y=x^2+2x\sin\theta+1\ (0\le\theta<2\pi)$의 그래프와 직선 $y=x$가 서로 다른 두 점 A, B에서 만날 때, 선분 AB의 길이의 최댓값을 M이라 하자. M^2의 값을 구하시오.

(단, θ는 상수이다.)

심화 유형 도전하기

• 정답률 9%

01

두 함수

$$f(x)=\frac{\pi}{2\sqrt{3}}\sin x+\frac{\pi}{6}\cos x,$$

$$g(x)=\cos^2 x+\sin x+3$$

에 대하여 $0\leq x\leq\pi$에서 함수 $g(f(x))$의 최댓값과 최솟값을 각각 M, m이라 하자. $10(M+m)$의 값을 구하시오.

• 정답률 12%

02
[8분]

함수 $f(x)=\cos x\ (0<x<\pi)$의 역함수를 $g(x)$라 하자. 방정식

$$\frac{1}{1-\sin g(x)}+\frac{1}{1+\sin g(x)}=x+3$$

의 모든 실근의 합은?

① -3 ② -2 ③ -1

④ $-2+\sqrt{3}$ ⑤ $-1+\sqrt{3}$

• 정답률 10%

03

두 함수 $f(x)=\sin(\pi\cos\pi x)$, $g(x)=\cos(\pi\sin\pi x)$에 대하여 방정식 $f(x)g(x)=0\ (0\leq x\leq\pi)$의 서로 다른 실근의 개수를 구하시오.

· 정답률 15%

04

5분

θ에 대한 방정식 $\sin\theta + k\cos\theta = 2 \left(0 \le \theta \le \dfrac{\pi}{2}\right)$가 실근을 갖도록 하는 실수 k의 최솟값을 m이라 할 때, $10m^2$의 값을 구하시오.

· 정답률 14%

05

5분

함수 $y = f(x)$의 그래프가 그림과 같을 때, 방정식 $f(2\sin x) - 1 = 0 \ (0 \le x < 2\pi)$의 서로 다른 실근의 개수를 구하시오.

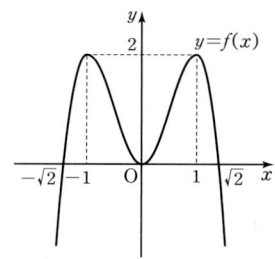

· 정답률 10%

06

10분

$0 \le x \le 2\pi$, $0 \le y \le 2\pi$일 때, 방정식
$$\left[\dfrac{1}{2} + \log_2 \sin x\right]^2 + \left[\dfrac{1}{2} - \log_2 \cos y\right]^2 = 1$$
을 만족시키는 두 실수 x, y에 대하여 $x+y$의 최댓값은?

$\left(\text{단, } 0 < \alpha < \dfrac{\pi}{2}\text{에서 } \cos\alpha = \dfrac{1}{2\sqrt{2}}\text{이고, } [x]\text{는 } x\text{보다 크지 않은 최대의 정수이다.}\right)$

① $2\pi + \alpha$ ② $\dfrac{5}{2}\pi + \alpha$ ③ $3\pi - \alpha$

④ $3\pi + \alpha$ ⑤ $\dfrac{7}{2}\pi + \alpha$

삼각함수의 활용

 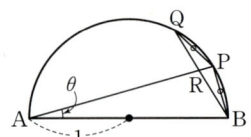
개념 & 대표 유형 짚어보기

1 / 사인법칙

삼각형 ABC에서 외접원의 반지름의 길이를 R라 할 때

(1) 사인법칙

$$\frac{a}{\sin A}=\frac{b}{\sin B}=\frac{c}{\sin C}=2R$$

(2) 사인법칙의 변형

① $\sin A=\dfrac{a}{2R}$, $\sin B=\dfrac{b}{2R}$, $\sin C=\dfrac{c}{2R}$

② $a=2R\sin A$, $b=2R\sin B$, $c=2R\sin C$

③ $a:b:c=\sin A:\sin B:\sin C$

2 / 코사인법칙

삼각형 ABC에서

(1) 코사인법칙

$$a^2=b^2+c^2-2bc\cos A,\ b^2=c^2+a^2-2ca\cos B,$$
$$c^2=a^2+b^2-2ab\cos C$$

(2) 코사인법칙의 변형

$$\cos A=\frac{b^2+c^2-a^2}{2bc},\ \cos B=\frac{c^2+a^2-b^2}{2ca},$$
$$\cos C=\frac{a^2+b^2-c^2}{2ab}$$

3 / 삼각형의 넓이

삼각형 ABC의 넓이를 S라 하면

(1) 두 변의 길이와 그 끼인각의 크기가 주어진 경우

$$S=\frac{1}{2}ab\sin C=\frac{1}{2}bc\sin A=\frac{1}{2}ca\sin B$$

(2) 외접원의 반지름의 길이 R가 주어진 경우

$$S=\frac{abc}{4R}=2R^2\sin A\sin B\sin C$$

(3) 내접원의 반지름의 길이 r가 주어진 경우

$$S=\frac{1}{2}r(a+b+c)$$

(4) 세 변의 길이가 주어진 경우

$$S=\sqrt{s(s-a)(s-b)(s-c)}\ \left(단,\ s=\frac{a+b+c}{2}\right)$$

| 개념 Plus |

- 평행사변형의 이웃하는 두 변의 길이가 x, y이고, 그 끼인각의 크기가 θ일 때, 평행사변형의 넓이 S는

  $$S=xy\sin\theta$$

- 사각형의 두 대각선의 길이가 a, b이고, 두 대각선이 이루는 각의 크기가 θ일 때, 사각형의 넓이 S는

  $$S=\frac{1}{2}ab\sin\theta$$

---

01 사인법칙

그림과 같이 반지름의 길이가 1이고, 선분 AB가 지름인 반원 위에 점 P가 있다. 이 반원 위에 $\overline{PB}=\overline{PQ}$인 점 Q를 잡고, 두 선분 AP, QB의 교점을 R라 하자. $\angle PAB=\theta$ $(0°<\theta<45°)$라 할 때, 삼각형 PQR의 외접원의 반지름의 길이는?

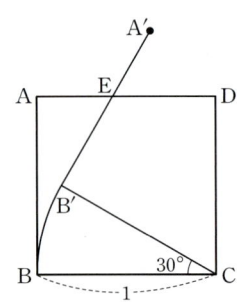

① $\sin\theta$ ② $\cos\theta$ ③ $\cos^2\theta$

④ $\dfrac{1}{\tan\theta}$ ⑤ $\tan\theta$

02 사인법칙

그림과 같이 한 변의 길이가 1인 정사각형 ABCD에서 점 C를 중심으로 선분 AB를 시계방향으로 30°만큼 회전시킨 선분을 A'B'이라 하자. 두 선분 AD, A'B'이 만나는 점을 E라 할 때, 선분 AE의 길이는?

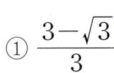
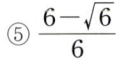

① $\dfrac{3-\sqrt{3}}{3}$ ② $\dfrac{3-\sqrt{3}}{4}$

③ $\dfrac{5-\sqrt{5}}{5}$ ④ $\dfrac{5-\sqrt{5}}{6}$

⑤ $\dfrac{6-\sqrt{6}}{6}$

03 코사인법칙

그림과 같이 중심이 O_1이고 반지름의 길이가 1인 원 C_1과 중심이 O_2이고 반지름의 길이가 2인 원 C_2가 외접하고 있다. 중심이 O_3이고 두 원 C_1, C_2에 동시에 외접하는 원을 C_3이라 하고 $\angle O_1O_2O_3=\theta$라 하자. 원 C_3의 반지름의 길이를 $r(\theta)$라 할 때, 방정식 $r(\theta)=-6\cos\theta+k$가 실근을 갖도록 하는 실수 k의 최솟값을 m이라 하자. m^2의 값을 구하시오.

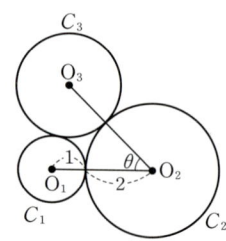

04 코사인법칙

그림과 같이 원 $x^2+y^2=1$ 위의 점 P에서의 접선이 x축과 만나는 점을 Q라 하고, 선분 OQ 위에 $\overline{QP}=\overline{QR}$인 점 R를 잡는다. 삼각형 POR의 외접원의 반지름의 길이가 $\dfrac{\sqrt{13}}{6}$일 때, $12\tan(\angle POR)$의 값을 구하시오.

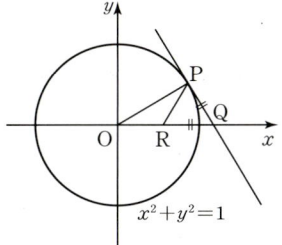

(단, 점 O는 원점이고, 점 P는 제1사분면 위의 점이다.)

05 코사인법칙

그림과 같이 중심이 O_1이고 반지름의 길이가 1인 원 C_1이 중심이 O_2이고 반지름의 길이가 3인 원 C_2에 내접하고 있다. 중심이 O_3인 원 C_3이 원 C_1과 외접하고 원 C_2에 내접할 때, $\angle O_1O_3O_2$의 이등분선이 선분 O_1O_2와 만나는 점을 A라 하자. $\overline{O_1A}=2\times\overline{O_2A}$일 때, 선분 O_3A의 길이는?

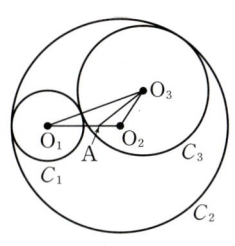

① $\dfrac{3\sqrt{6}}{4}$ ② $\dfrac{\sqrt{6}}{2}$ ③ $\sqrt{6}$

④ $\dfrac{2\sqrt{6}}{3}$ ⑤ $\dfrac{\sqrt{6}}{3}$

06 코사인법칙

그림과 같이 반지름의 길이가 1이고, 중심이 각각 O_1, O_2인 두 원 C_1, C_2가 외접하고 있다. 직선 l이 두 원 C_1, C_2와 네 점 A, B, C, D에서 만나고 $\overline{AB}=\overline{BC}=\overline{CD}$일 때, 삼각형 CO_1D의 외접원의 반지름의 길이를 R라 하자. R^2의 값을 구하시오.

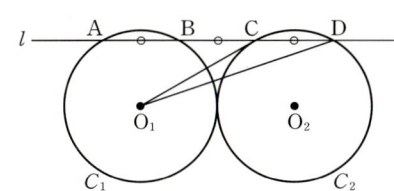

07 삼각형의 넓이

좌표평면에서 원 $(x-2)^2+(y-2)^2=4$와 직선 $y=mx$가 두 점 A, B에서 만난다. 점 C(2, 2)에 대하여 삼각형 ABC의 넓이가 $\sqrt{3}$이 되도록 실수 m의 값을 정할 때, m의 값이 작은 것부터 순서대로 m_1, m_2, m_3, $\cdots$이라 하자. m_3의 값은?

① $\dfrac{3+\sqrt{7}}{3}$ ② $\dfrac{4+\sqrt{7}}{3}$ ③ $\dfrac{5+\sqrt{7}}{3}$

④ $\dfrac{3+\sqrt{7}}{2}$ ⑤ $\dfrac{4+\sqrt{7}}{2}$

08 삼각형의 넓이

그림과 같이 $\overline{AB}=\overline{BC}=1$, $\angle B=90°$인 직각이등변삼각형 ABC와 선분 BC 위를 움직이는 점 P, 선분 AC 위를 움직이는 점 Q가 있다. 선분 PQ가 삼각형 ABC의 넓이를 이등분할 때, 선분 PQ의 길이가 최소가 되는 두 점 P, Q를 각각 P′, Q′이라 하자. 삼각형 P′Q′C의 외접원의 반지름의 길이를 R라 할 때, R^2의 값은? $\left(\text{단, }\overline{BP}<\dfrac{1}{2}\right)$

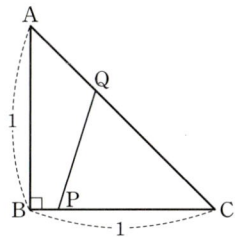

① $\dfrac{\sqrt{2}-1}{2}$ ② $\sqrt{2}-1$ ③ $\dfrac{3-\sqrt{3}}{2}$

④ $\sqrt{3}-1$ ⑤ $\dfrac{\sqrt{5}-1}{2}$

09 삼각형의 넓이

그림과 같이 중심이 O이고 반지름의 길이가 각각 1, 2인 두 원 C_1, C_2가 있다. 직선 l이 두 원과 만나는 점을 차례대로 A, B, C, D라 하고, 점 D에서 선분 OC의 연장선에 내린 수선의 발을 H라 하자. $\overline{AB}=\overline{BC}=\overline{CD}$일 때, 삼각형 BCH의 넓이는 $\dfrac{q}{p}\sqrt{15}$이다. $p+q$의 값을 구하시오. (단, p와 q는 서로소인 자연수이다.)

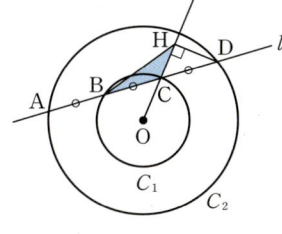

심화 유형 도전하기

01 · 정답률 18%
(6분)

그림과 같이 지면 위에 한 모서리의 길이가 $2\sqrt{13}$인 정사면체 모양의 구조물 A$-$BCD가 있다. 꼭짓점 B에서 모서리 BD의 중점 M까지 세 면 ABC, ACD, ADB를 따라 최단거리로 길을 내려고 할 때, 이 길과 두 모서리 AC, AD가 만나는 점을 각각 E, F라 하자.
$\angle$ABE$=\theta_1$, $\angle$FMD$=\theta_2$라 할 때, $13\sin\theta_1\sin\theta_2$의 값을 구하시오.

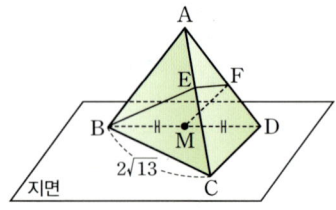

02 · 정답률 13%
(10분)

그림과 같이 반지름의 길이가 1이고 선분 AB가 지름인 반원 위의 점 C에 대하여 삼각형 ABC의 내접원의 중심을 O, 선분 AO의 연장선이 선분 BC와 만나는 점을 D라 하자.
$\angle$DAB$=\theta$라 하고, 두 삼각형 ABD, ADC의 외접원의 반지름의 길이를 각각 R_1, R_2라 하자. $\dfrac{R_2}{R_1}=\dfrac{17}{18}$일 때, $\sin\theta$의 값은?

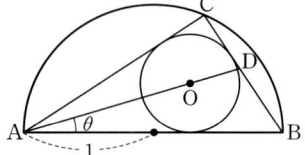

① $\dfrac{1}{12}$ ② $\dfrac{1}{6}$ ③ $\dfrac{1}{4}$ ④ $\dfrac{1}{3}$ ⑤ $\dfrac{5}{12}$

03 · 정답률 15%
(10분)

그림과 같이 중심이 O이고 반지름의 길이가 각각 1, 2인 두 원 C_1, C_2가 있다. 원 C_1 위를 움직이는 점 P와 원 C_2 위를 움직이는 점 Q에 대하여 삼각형 POQ의 외접원과 내접원의 반지름의 길이를 각각 R, r라 하자. rR의 범위는? (단, 세 점 O, P, Q는 한 직선 위에 있지 않다.)

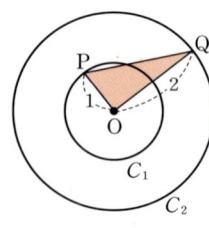

① $0<rR<\dfrac{1}{8}$ ② $\dfrac{1}{10}<rR<\dfrac{1}{5}$ ③ $\dfrac{1}{8}<rR<\dfrac{1}{4}$

④ $\dfrac{1}{5}<rR<\dfrac{1}{3}$ ⑤ $\dfrac{1}{4}<rR<\dfrac{1}{2}$

04
7분
• 정답률 **7%**

그림과 같이 좌표평면에서 원 $C_1 : x^2+y^2=1$ 위를 움직이는 점 $P(a, b)$에 대하여 점 P를 중심으로 하고 반지름의 길이가 2인 원을 C_2라 하고, 원 C_2 위를 움직이는 점 Q에 대하여 $\angle PQO$의 크기가 최대가 되는 점 Q의 좌표를 $Q(c, d)$라 하자.
$a+b+c+d$의 최댓값을 M이라 할 때, M^2의 값을 구하시오.

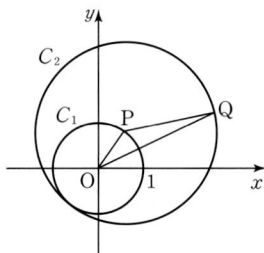

05
5분
• 정답률 **7%**

그림과 같이 반지름의 길이가 5인 원 C_1은 반지름의 길이가 3인 원 C_2의 중심을 지난다. 두 원 C_1, C_2의 교점을 각각 A, B라 하고, 원 C_2 위에 $\overline{BA}=\overline{BC}$인 점 C를 잡는다. 선분 CA의 연장선이 원 C_1과 만나는 점을 D라 할 때, 선분 CD의 길이를 a라 하자.
a^2의 값을 구하시오.

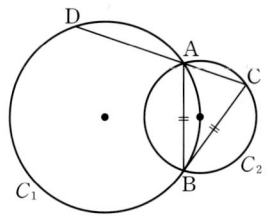

06
6분
• 정답률 **9%**

그림과 같이 한 변의 길이가 1인 정삼각형 ABC가 있다. 선분 BC 위의 점 O를 중심으로 하고 선분 OB의 길이를 반지름으로 하는 반원이 선분 AC 위의 점 D에서 접하고 두 선분 AB, BC와 각각 점 E, F에서 만난다. 두 선분 OD, EF의 교점을 G라 할 때, 삼각형 DEG의 외접원의 반지름의 길이는?

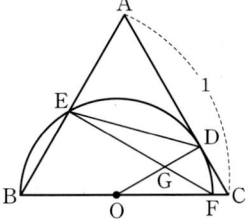

① $2\sqrt{2}-\sqrt{6}$ ② $2\sqrt{2}+\sqrt{6}$ ③ $3\sqrt{2}-\sqrt{6}$
④ $3\sqrt{2}+\sqrt{6}$ ⑤ $4\sqrt{2}-\sqrt{6}$

개 념 확 장 & 수 리 논 술 · 창 의 사 고 력 문 제

정답과 풀이 **35쪽**

● 그림과 같이 반지름의 길이가 r_1인 원 C_1이 반지름의 길이가 r_2인 원 C_2에 점 A에
서 내접하고 있다. 원 C_1 위의 점 B에서의 접선이 원 C_2와 만나는 점을 각각 C, D
라 하고, 선분 AD와 원 C_1이 만나는 점을 E라 하자. $\angle ABE = \angle DBE = \theta$일 때,
〈보기〉에서 항상 옳은 것만을 있는 대로 고른 것은?

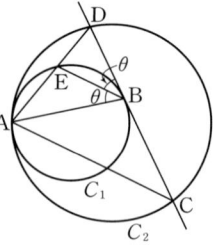

┤ 보기 ├

ㄱ. 삼각형 ABC는 이등변삼각형이다.

ㄴ. $\dfrac{\sin 3\theta}{\sin \theta} = \dfrac{r_2 - r_1}{r_1}$

ㄷ. $\dfrac{\sin 2\theta}{\sin \theta} = \dfrac{r_2}{r_1} \times \dfrac{\sin 3\theta}{\sin 2\theta}$

① ㄱ 　　② ㄴ 　　③ ㄱ, ㄷ 　　④ ㄴ, ㄷ 　　⑤ ㄱ, ㄴ, ㄷ

Ⅲ

수열

01

등차수열과 등비수열

개념 & 대표 유형 짚어보기

1 / 등차수열

(1) 등차수열

① 첫째항부터 차례대로 일정한 수를 더하여 만들어지는 수열을 등차수열이라 하고, 그 일정한 수를 공차라 한다.

② 첫째항이 a, 공차가 d인 등차수열의 일반항 a_n은
$$a_n = a + (n-1)d \ (단, \ n=1, 2, 3, \cdots)$$

(2) 등차중항

세 수 a, b, c가 이 순서대로 등차수열을 이룰 때, b를 a와 c의 등차중항이라 한다. 이때, 세 수 a, b, c 사이에는 다음이 성립한다.
$$b = \frac{a+c}{2}$$

(3) 등차수열의 합

등차수열의 첫째항부터 제n항까지의 합을 S_n이라 하면

① 첫째항이 a, 제n항이 l일 때, $S_n = \dfrac{n(a+l)}{2}$

② 첫째항이 a, 공차가 d일 때, $S_n = \dfrac{n\{2a+(n-1)d\}}{2}$

2 / 수열의 합 S_n과 일반항 a_n 사이의 관계

수열 $\{a_n\}$의 첫째항부터 제n항까지의 합을 S_n이라 하면
$$a_1 = S_1$$
$$a_n = S_n - S_{n-1} \ (단, \ n \geq 2)$$

3 / 등비수열

(1) 등비수열

① 첫째항부터 차례대로 일정한 수를 곱하여 만들어지는 수열을 등비수열이라 하고, 그 일정한 수를 공비라 한다.

② 첫째항이 a, 공비가 $r \ (r \neq 0)$인 등비수열의 일반항 a_n은
$$a_n = ar^{n-1} \ (단, \ n=1, 2, 3, \cdots)$$

(2) 등비중항

0이 아닌 세 수 a, b, c가 이 순서대로 등비수열을 이룰 때, b를 a와 c의 등비중항이라 한다. 이때, 세 수 a, b, c 사이에는 다음이 성립한다.
$$b^2 = ac$$

(3) 등비수열의 합

첫째항이 a, 공비가 r인 등비수열의 첫째항부터 제n항까지의 합을 S_n이라 하면

① $r \neq 1$일 때, $S_n = \dfrac{a(1-r^n)}{1-r} = \dfrac{a(r^n-1)}{r-1}$

② $r = 1$일 때, $S_n = na$

---

01 등차수열

첫째항이 1이고 공차가 $d \ (0<d<1)$인 등차수열 $\{a_n\}$이 다음 조건을 만족시킬 때, 가능한 모든 d의 값의 합을 구하시오.

> ㈎ a_2, a_3, a_4, $\cdots$, a_8은 자연수가 아니다.
> ㈏ a_9는 자연수이다.

02 등차수열

거리가 3인 두 점 O, O′에 대하여 점 O를 중심으로 하고 반지름의 길이가 각각 1, 2, 3, $\cdots$, n인 n개의 원과 점 O′을 중심으로 하고 반지름의 길이가 각각 1, 2, 3, $\cdots$, n인 n개의 원을 각각 그렸을 때, 이 $2n$개의 원의 모든 교점의 개수를 a_n이라 하자. 예를 들어, 그림과 같이 $a_3 = 14$, $a_4 = 26$이다. a_{20}의 값은?

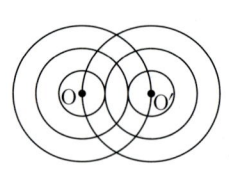
$a_3 = 14$

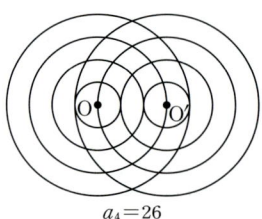
$a_4 = 26$

① 214   ② 218   ③ 222

④ 226   ⑤ 230

03 등차수열

등차수열 $\{a_n\}$에서 $a_1 = 98$, $a_{13} = 89$이다. $A_n = a_n + a_{n+1} + a_{n+2}$이라 할 때, $|A_n|$의 최솟값은?

① $\dfrac{1}{4}$ ② $\dfrac{1}{2}$ ③ $\dfrac{3}{4}$

④ 1   ⑤ $\dfrac{5}{4}$

04 등차수열의 합

첫째항이 -3인 등차수열 $\{a_n\}$의 첫째항부터 제$2k$항까지의 항에 대하여 짝수 번째 항의 합이 330이고, 홀수 번째 항의 합이 297일 때, 자연수 k의 값을 구하시오.

05 수열의 합 S_n과 일반항 a_n 사이의 관계

등차수열 $\{a_n\}$에 대하여 수열 $\{b_n\}$이
$$b_n = a_n + a_{n+1} \ (n \geq 1)$$
이고, 수열 $\{b_n\}$의 첫째항부터 제n항까지의 합 S_n이
$$S_n = -3n^2 + 34n$$
이다. 수열 $\{a_n\}$의 첫째항부터 제n항까지의 합의 최댓값은?

① 55   ② 56   ③ 57
④ 58   ⑤ 59

06 등비수열

$\angle B = 90°$, $\overline{AC} = 4\sqrt{2}$인 직각이등변삼각형 ABC의 내부의 점 P에서 세 변 AB, BC, CA에 내린 수선의 발을 각각 D, E, F라 하자. $\overline{PD}$, $\overline{PF}$, $\overline{PE}$가 이 순서대로 등비수열을 이룰 때, 점 P가 나타내는 도형의 길이는?

① π ② $\frac{3}{2}\pi$ ③ 2π
④ $\frac{5}{2}\pi$ ⑤ 3π

07 등비수열

$a_1 = 1$, $a_2 = 2$이고 모든 항이 양수인 수열 $\{a_n\}$에서 세 항 a_n, a_{n+1}, a_{n+2}는 이 순서대로 n이 홀수이면 등비수열을, n이 짝수이면 등차수열을 이룬다. a_{27}의 값은?

① 169   ② 182   ③ 196
④ 210   ⑤ 225

08 등비수열

직선 $y = mx \ (m > 0)$가 곡선 $y = (x-a)(x-a-1) \ (a>0)$와 만나는 두 점의 x좌표를 각각 p, q라 하자. 네 수 p, a, $a+1$, q가 이 순서대로 등비수열을 이루고 $pq = 6$일 때, am의 값은? (단, $p < q$)

① 1   ② $\frac{4}{3}$ ③ $\frac{5}{3}$
④ 2   ⑤ $\frac{7}{3}$

09 등비수열의 합

각 항이 0이 아닌 실수인 등비수열 $\{a_n\}$의 첫째항부터 제n항까지의 합을 S_n이라 할 때,
$$S_m = S_{3m}, \ S_m - S_{2m} = 7$$
을 만족시키는 자연수 m에 대하여 $S_m + S_{2m} + S_{3m} + \cdots + S_{10m}$의 값을 구하시오.

심화 유형 도전하기

· 정답률 18%

01
(4분)

그림과 같이 자연수를 규칙적으로 배열할 때, m번째 줄의 왼쪽에서 n번째에 있는 수를 $a(m, n)(m \geq n)$이라 하자. 예를 들어, $a(4, 3) = 7$이다. $a(m, n) = 65$가 되도록 하는 m, n에 대하여 $m + n$의 최솟값을 구하시오.

1번째 줄	1					
2번째 줄	1	2				
3번째 줄	1	3	5			
4번째 줄	1	4	7	10		
5번째 줄	1	5	9	13	17	
6번째 줄	1	6	11	16	21	26
⋮	⋮	⋮	⋮	⋮	⋮	⋮

· 정답률 12%

02
(6분)

1부터 n까지의 자연수의 합을 S_n이라 할 때, $\dfrac{S_n - k}{n - 1} = \dfrac{16}{3}$을 만족시키는 두 자연수 n, k에 대하여 $n + k$의 값을 구하시오. (단, $n \geq 2$이고, $1 \leq k \leq n$이다.)

· 정답률 10%

03
(8분)

삼차방정식 $8x^3 - px^2 - qx + 27 = 0$의 서로 다른 세 실근이 다음 조건을 만족시킨다.

㈎ 등차수열을 이룬다.
㈏ 공비가 음수인 등비수열을 이룬다.

두 상수 p, q에 대하여 $p + q$의 값은?

① 41   ② 42   ③ 43   ④ 44   ⑤ 45

· 정답률 13%
04
7분

두 집합 A, B에 대하여

$$A = \{n \mid 1 \leq n \leq 10, n은 자연수\}, B = \left\{\left(-\frac{1}{2}\right)^n \mid 1 \leq n \leq 10, n은 자연수\right\}$$

일 때, 집합 A에서 집합 B로의 일대일대응 중

$$2f(1) + 2^2 f(2) + 2^3 f(3) + \cdots + 2^9 f(9) + 2^{10} f(10)$$

의 값이 최대가 되도록 하는 일대일대응 f에 대하여 집합 $\{2^n f(n) \mid 1 \leq n \leq 10, n은 자연수\}$의

원소 중 양수인 원소의 합이 $\dfrac{2^q - 1}{p \times 2^4}$일 때, 두 자연수 p, q에 대하여 $p + q$의 값을 구하시오.

· 정답률 5%
05
10분

첫째항이 a, 공비가 r인 등비수열 $\{a_n\}$의 첫째항부터 제n항까지의 합 S_n에 대하여 수열 $\{b_n\}$을 $b_n = 1 + S_n$으로 정의하고, 수열 $\{b_n\}$의 첫째항부터 제n항까지의 합을 T_n이라 할 때, 수열 $\{c_n\}$을 $c_n = 2 + T_n$으로 정의하자. 수열 $\{c_n\}$이 등비수열일 때, a, r에 대하여 $a + 10r$의 값을 구하시오. (단, $ar \neq 0$)

· 정답률 4%
06
8분

수열 $\{a_n\}$의 첫째항부터 제n항까지의 합을 S_n이라 하면

$$S_n = \frac{4}{3}(4^n - 1) - 2p(2^n - 1)$$

이다. 다음을 만족시키는 가장 큰 자연수 p의 값을 구하시오. (단, p는 상수이다.)

> $a_1 > a_2 > a_3 > \cdots > a_8$이고 $a_8 < a_9 < a_{10} < \cdots$이다.

개념 & 대표 유형 짚어보기

1 / 합의 기호 $\sum$

(1) 합의 기호 $\sum$의 뜻

수열 $\{a_n\}$의 첫째항부터 제n항까지의 합은 합의 기호 $\sum$를 사용하여 다음과 같이 나타낸다.

$$a_1+a_2+a_3+\cdots+a_n=\sum_{k=1}^{n}a_k=\sum_{i=1}^{n}a_i=\sum_{m=1}^{n}a_m$$

(2) 합의 기호 $\sum$의 성질

① $\displaystyle\sum_{k=1}^{n}(a_k\pm b_k)=\sum_{k=1}^{n}a_k\pm\sum_{k=1}^{n}b_k$ (복부호동순)

② $\displaystyle\sum_{k=1}^{n}ca_k=c\sum_{k=1}^{n}a_k$ (단, c는 상수이다.)

③ $\displaystyle\sum_{k=1}^{n}c=cn$ (단, c는 상수이다.)

(3) 자연수의 거듭제곱의 합

① $\displaystyle\sum_{k=1}^{n}k=1+2+3+\cdots+n=\frac{n(n+1)}{2}$

② $\displaystyle\sum_{k=1}^{n}k^2=1^2+2^2+3^2+\cdots+n^2=\frac{n(n+1)(2n+1)}{6}$

③ $\displaystyle\sum_{k=1}^{n}k^3=1^3+2^3+3^3+\cdots+n^3=\left\{\frac{n(n+1)}{2}\right\}^2$

2 / 여러 가지 수열의 합

(1) 분수 꼴인 수열의 합

부분분수로 변형하여 구한다.

① $\displaystyle\sum_{k=1}^{n}\frac{1}{k(k+1)}=\sum_{k=1}^{n}\left(\frac{1}{k}-\frac{1}{k+1}\right)$

② $\displaystyle\sum_{k=1}^{n}\frac{1}{(k+a)(k+b)}=\sum_{k=1}^{n}\frac{1}{b-a}\left(\frac{1}{k+a}-\frac{1}{k+b}\right)$ (단, $a\neq b$)

(2) 분모에 근호가 포함된 수열의 합

분모를 유리화하여 구한다.

3 / 군수열

(1) 군수열 : 어떤 수열을 특정한 규칙에 의하여 몇 개의 항들의 묶음인 군으로 나눌 수 있는 수열

(2) 군수열에 대한 문제는 일반적으로 다음과 같이 해결한다.

　(ⅰ) 수열의 각 항이 갖는 규칙을 파악하여 군으로 묶는다.

　(ⅱ) 각 군의 항의 개수를 파악한다.

　(ⅲ) 각 군의 첫째항이 갖는 규칙성을 조사한다.

| 개념 Plus |

- **(등차수열)×(등비수열) 꼴의 수열의 합**
  등차수열과 등비수열의 각 항의 곱으로 이루어진 수열의 합을 구할 때에는
  (ⅰ) 주어진 수열의 합 S에 등비수열의 공비 r를 곱한다.
  (ⅱ) $S-rS$를 구하고, 이 식으로부터 S의 값을 구한다.

01 $\sum$의 성질

수열 $\{a_n\}$이 모든 자연수 n에 대하여

$$a_1+a_3+a_5+\cdots+a_{2n-1}=3n-2,$$
$$a_2+a_4+a_6+\cdots+a_{2n}=n^2+n$$

을 만족시킬 때, $\displaystyle\sum_{k=10}^{20}a_k$의 값을 구하시오.

02 $\sum$의 성질

수열 $\{a_n\}$에 대하여 $a_1=2$이고

$$a_{n+1}-a_n=b_n \ (n=1,\ 2,\ 3,\ \cdots)$$

이라 할 때, $\displaystyle\sum_{k=1}^{11}a_k-\sum_{k=1}^{10}(11-k)b_k$의 값은?

① 16 　　　　② 18 　　　　③ 20

④ 22 　　　　⑤ 24

03 자연수의 거듭제곱의 합

첫째항이 2이고 공차가 4인 등차수열 $\{a_n\}$이 있다. 모든 자연수 n에 대하여 수열 $\{b_n\}$이

$$\sum_{k=1}^{n}ka_n=\sum_{k=1}^{n}kb_k$$

를 만족시킬 때, b_{10}의 값은?

① 56 　　　　② 60 　　　　③ 64

④ 68 　　　　⑤ 72

04 자연수의 거듭제곱의 합

$n=1$, 2, 3, $\cdots$, 10일 때, 일반항이 각각 $a_n=n$, $b_n=n^2$인 두 수열 $\{a_n\}$, $\{b_n\}$이 있다. 모든 a_ib_j (i, j는 $i \neq j$인 10 이하의 자연수)의 합은?

① 18150   ② 20125   ③ 27050

④ 32025   ⑤ 36150

05 자연수의 거듭제곱의 합

수열 $\{a_n\}$이 다음을 만족시킨다.

> 자연수 k에 대하여
> $k(k-1)<n\leq k(k+1)$일 때, $a_n=k$이다.

$\displaystyle\sum_{n=1}^{110} a_n$의 값을 구하시오.

06 여러 가지 수열의 합

수열 $\{a_n\}$이

$$a_1=1,\ a_2=1,\ a_{n+2}=a_{n+1}+a_n\ (n=1,\ 2,\ 3,\ \cdots)$$

을 만족시킨다. $\displaystyle\sum_{k=1}^{7} \frac{a_k}{a_{k+1}a_{k+2}}$의 값은?

① $\dfrac{31}{34}$ ② $\dfrac{33}{34}$ ③ $\dfrac{19}{21}$

④ $\dfrac{20}{21}$ ⑤ $\dfrac{12}{13}$

07 여러 가지 수열의 합

분모와 분자가 1 이외의 공통인 인수를 갖지 않는 분수를 기약분수라 한다. 예를 들어, 1과 2 사이의 수 중 3을 분모로 하는 기약분수는 $\dfrac{4}{3}$, $\dfrac{5}{3}$이다. 이와 같이 자연수 n과 $n+1$ 사이의 수 중 4를 분모로 하는 모든 기약분수의 합을 a_n이라 할 때, $\displaystyle\sum_{n=1}^{12} \frac{1}{a_n a_{n+1}}$의 값은?

① $\dfrac{2}{27}$ ② $\dfrac{1}{9}$ ③ $\dfrac{4}{27}$

④ $\dfrac{5}{27}$ ⑤ $\dfrac{2}{9}$

08 여러 가지 수열의 합

n이 자연수일 때, 곡선 $y=x^2$ 위의 두 점 $P(n, n^2)$, $Q(n+1, (n+1)^2)$과 원점 O를 세 꼭짓점으로 하는 삼각형 OPQ의 넓이를 $S(n)$이라 하자. $\displaystyle\sum_{k=1}^{10} \frac{11}{S(k)}$의 값을 구하시오.

09 군수열

그림과 같이 자연수를 규칙적으로 배열할 때, 위에서 n번째 줄의 색칠된 부분에 적힌 수의 합을 a_n이라 하자. 예를 들어, $a_1=0$, $a_3=21$이다. a_8의 값을 구하시오.

심화 유형 도전하기

• 정답률 7%

01

9분

자연수 n에 대하여 $\sqrt{\dfrac{n+2}{3}}$에 가장 가까운 정수를 a_n이라 하자. 수열 $\{a_n\}$에 대하여

$\sum\limits_{n=1}^{m} \dfrac{1}{a_n} > 60$을 만족시키는 자연수 m의 최솟값을 구하시오.

• 정답률 5%

02

10분

n이 자연수일 때, 좌표평면에서 두 함수 $y=\log_2(x+1)$, $y=\log_2(2^{n+1}+1-x)$의 그래프와 x축으로 둘러싸인 도형의 내부 또는 둘레 위에 있고 x좌표와 y좌표가 모두 자연수인 점 $(p,\ q)$의 개수를 a_n이라 하자. $a_{10}-a_9$의 값이 $m \times 2^{10}+3$일 때, 자연수 m의 값을 구하시오.

• 정답률 12%

03

7분

자연수 n에 대하여 두 부등식

$$0 < x \le n, \ 0 < y \le x \times 2^x$$

을 동시에 만족시키는 두 자연수 x, y의 순서쌍 $(x,\ y)$의 개수를 a_n이라 할 때, $\dfrac{a_{21}-2}{a_{17}-2}$의 값을 구하시오.

· 정답률 15%

04
6분

자연수 중 홀수를 그림과 같이 규칙적으로 배열할 때, n번째 줄의 총합을 a_n이라 하자. 예를 들어, $a_2=8$이다. $a_{10}-a_9$의 값을 구하시오.

				∴
			29	⋯
		19	27	⋯
	11	17	25	⋯
5	9	15	23	⋯
1	3	7	13	21	⋯

1번째 줄 2번째 줄 3번째 줄 4번째 줄 5번째 줄 ⋯

 · 정답률 14%

05
5분

실수 x보다 크지 않은 최대의 정수를 $[x]$로 나타낼 때, $\dfrac{x^2}{[x]}$이 자연수가 되게 하는 1 이상의 양수 x를 작은 것부터 차례대로 나열한 수열을 a_n이라 하자. 즉,

$$\{a_n\} : 1,\ \sqrt{2},\ \sqrt{3},\ 2,\ \sqrt{6},\ 2\sqrt{2},\ 3,\ 2\sqrt{3},\ \sqrt{15},\ 4,\ \cdots$$

수열 $\{a_n\}$에서 a_{300}의 값은?

① 100   ② 101   ③ 300

④ $20\sqrt{26}$ ⑤ $10\sqrt{102}$

· 정답률 8%

06
7분

자연수 n에 대하여 좌표평면 위의 두 점 A_n, B_n이 다음과 같이 정의된다.

> (가) 점 A_n은 x축 위의 점이고, 점 B_n은 y축 위의 점이다.
> (나) $A_1(1, 0)$, $B_1(0, 1)$
> (다) $\overline{OA_n}=\overline{A_nA_{n+1}}$, $\overline{OB_n}=\overline{B_nB_{n+1}}$ (단, O는 원점이다.)

그림과 같이 선분 A_nB_n 위에 x좌표와 y좌표가 모두 정수인 점을 찍을 때, x좌표와 y좌표의 합이 작을수록, 합이 같을 때는 y좌표가 작을수록 작은 번호를 붙여 k번째 점을 (a_k, b_k)라 하자. 예를 들어, 점 (a_1, b_1)은 점 $(1, 0)$, 점 (a_5, b_5)는 점 $(0, 2)$이다. $a_{72}-b_{72}$의 값을 구하시오.

(단, 점 A_n의 x좌표와 점 B_n의 y좌표는 모두 양수이다.)

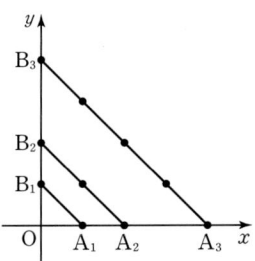

개념 & 대표 유형 짚어보기

1 / 수열의 귀납적 정의

(1) 수열의 귀납적 정의

수열을 처음 몇 개의 항과 이웃하는 여러 항 사이의 관계식으로 정의하는 것을 수열의 귀납적 정의라 한다.

(2) 등차수열과 등비수열의 귀납적 정의

수열 $\{a_n\}$에 대하여 $n=1, 2, 3, \cdots$일 때

① $a_{n+1}-a_n=d$ (일정)

　$\Longleftrightarrow$ 수열 $\{a_n\}$은 공차가 d인 등차수열

② $a_{n+1} \div a_n=r$ (일정)

　$\Longleftrightarrow$ 수열 $\{a_n\}$은 공비가 r인 등비수열

③ $2a_{n+1}=a_{n+2}+a_n$, 즉 $a_{n+1}-a_n=a_{n+2}-a_{n+1}$

　$\Longleftrightarrow$ 수열 $\{a_n\}$은 등차수열

④ $a_{n+1}^2=a_n a_{n+2}$, 즉 $a_{n+1} \div a_n=a_{n+2} \div a_{n+1}$

　$\Longleftrightarrow$ 수열 $\{a_n\}$은 등비수열

(3) 여러 가지 수열의 귀납적 정의

① $a_{n+1}=a_n+f(n)$ 꼴

　n에 $1, 2, 3, \cdots, n-1$을 차례대로 대입하여 변끼리 더하면

$$a_n=a_1+\sum_{k=1}^{n-1} f(k) \text{ (단, } n=2, 3, 4, \cdots)$$

② $a_{n+1}=a_n \times f(n)$ $(a_n \neq 0)$ 꼴

　n에 $1, 2, 3, \cdots, n-1$을 차례대로 대입하여 변끼리 곱하면

$$a_n=f(1)f(2) \cdots f(n-1)a_1 \text{ (단, } n=2, 3, 4, \cdots)$$

2 / 수학적 귀납법

자연수 n에 대한 명제 $p(n)$이 모든 자연수 n에 대하여 성립하는 것을 증명하려면 다음 두 가지를 보이면 된다.

(i) $n=1$일 때, 명제 $p(n)$이 성립한다.

(ii) $n=k$일 때, 명제 $p(n)$이 성립한다고 가정하면

　$n=k+1$일 때에도 명제 $p(n)$이 성립한다.

이와 같은 방법으로 자연수 n에 대한 명제 $p(n)$이 성립함을 증명하는 것을 수학적 귀납법이라 한다.

| 개념 Plus |

• $a_{n+1}=pa_n+q$ $(p \neq 1, pq \neq 0)$ 꼴

$a_{n+1}-\alpha=p(a_n-\alpha)$ (α는 상수) 꼴로 변형하여 일반항을 구한다.

• $pa_{n+2}+qa_{n+1}+ra_n=0$ $(p+q+r=0, pqr \neq 0)$ 꼴

$a_{n+2}-a_{n+1}=\dfrac{r}{p}(a_{n+1}-a_n)$ 꼴로 변형

또는 $pa_{n+2}-ra_{n+1}=pa_{n+1}-ra_n$ 꼴로 변형하여 일반항을 구한다.

• $a_{n+1}=\dfrac{pa_n}{qa_n+r}$ $(pqr \neq 0)$ 꼴

양변에 역수를 취한 후 $\dfrac{1}{a_n}=b_n$으로 치환하여 일반항을 구한다.

---

01 등차수열의 귀납적 정의

모든 항이 양수인 수열 $\{a_n\}$의 첫째항부터 제n항까지의 합을 S_n이라 하면

$$a_1=2, \ 2(S_{n+1}+S_n)=a_{n+1}^2 \ (n=1, 2, 3, \cdots)$$

이 성립할 때, a_{17}의 값은?

① 30 　　② 31 　　③ 32

④ 33 　　⑤ 34

02 등차수열과 등비수열의 귀납적 정의

수열 $\{a_n\}$이 다음과 같이 정의된다.

> n이 홀수일 때, $a_n=n^2$
>
> n이 짝수일 때, $a_n>0$이고 $a_n^2=a_{n-1}a_{n+1}$

다음 조건을 만족시키는 자연수 k의 값을 구하시오. (단, $k>1$)

> (가) $2a_k=a_{k-1}+a_{k+1}$
>
> (나) $a_{k+1}-a_{k-1}=124$

03 여러 가지 수열의 귀납적 정의

수열 $\{a_n\}$이

$$a_1=2, \ a_{n+1}=a_n+(-1)^n \times \frac{2n+1}{n(n+1)} \ (n=1, 2, 3 \cdots)$$

로 정의될 때, a_{20}의 값은?

① $\dfrac{19}{20}$ 　　② $\dfrac{20}{21}$ 　　③ $\dfrac{21}{22}$

④ $\dfrac{22}{23}$ 　　⑤ $\dfrac{23}{24}$

04 여러 가지 수열의 귀납적 정의

수열 $\{a_n\}$이 다음 조건을 만족시킨다.

> (가) $a_1=1$
> (나) $a_n+a_{n+1}=2+(-1)^n$ $(n=1, 2, 3, \cdots)$

$a_{n+1}-a_n>100$을 만족시키는 자연수 n의 최솟값을 구하시오.

05 수열의 귀납적 정의의 활용

두 용기 A, B에 각각 12 L, 3 L의 물이 채워져 있다. 이 두 용기에 다음 규칙으로 물을 옮긴다.

> [규칙 1] A에 담긴 물의 양과 B에 담긴 물의 양의 차의 $\dfrac{1}{3}$을 A에서 B로 옮긴다.
> [규칙 2] B에 담긴 물 1 L를 A로 옮긴다.

위의 두 규칙을 순서대로 행하는 것을 1회의 시행이라 할 때, 7회의 시행을 마친 후 두 용기 A, B에 담긴 물의 양의 차는 $p+2\times\left(\dfrac{1}{3}\right)^q$이다. 두 자연수 p, q에 대하여 p^2+q^2의 값을 구하시오. (단, 두 용기 A, B는 충분히 크다.)

06 수열의 귀납적 정의의 활용

좌표평면 위에 두 직선 $l : y=3$, $m : y=2$가 있다. 직선 l 위의 점 $A_1(1, 3)$에 대하여 점 A_1을 지나고 y축에 평행한 직선이 직선 m과 만나는 점을 B_1이라 하고, 직선 OB_1이 직선 l과 만나는 점을 A_2라 하자. 이와 같이 자연수 n에 대하여 점 A_n을 지나고 y축에 평행한 직선이 직선 m과 만나는 점을 B_n이라 하고, 직선 OB_n이 직선 l과 만나는 점을 A_{n+1}이라 하자. 점 A_n의 x좌표를 a_n이라 할 때, $a_n>100$을 만족시키는 자연수 n의 최솟값을 구하시오.
　　　(단, O는 원점이고, $\log 2=0.30$, $\log 3=0.48$로 계산한다.)

07 수학적 귀납법

다음은 모든 자연수 n에 대하여 등식
$$\sum_{i=1}^{n}\frac{1}{n+i}=1-\frac{1}{2}+\frac{1}{3}-\frac{1}{4}+\cdots+\frac{1}{2n-1}-\frac{1}{2n}$$
이 성립함을 수학적 귀납법으로 증명한 것이다.

┤ 증명 ├

(i) $n=1$일 때,
$$(좌변)=\frac{1}{1+1}=\frac{1}{2},$$
$$(우변)=\frac{1}{1}-\frac{1}{2}=\frac{1}{2}$$
따라서 주어진 등식은 성립한다.

(ii) $n=k$일 때, 주어진 등식이 성립한다고 가정하면
$$\sum_{i=1}^{k}\frac{1}{k+i}=1-\frac{1}{2}+\frac{1}{3}-\frac{1}{4}+\cdots+\frac{1}{2k-1}-\frac{1}{2k}$$
이다.

$n=k+1$일 때,
$$\sum_{i=1}^{k+1}\frac{1}{(k+1)+i}$$
$$=\frac{1}{k+1}+\frac{1}{k+2}+\cdots+\frac{1}{2k+1}+\frac{1}{2k+2}-\boxed{(가)}$$
$$=1-\frac{1}{2}+\frac{1}{3}-\frac{1}{4}+\cdots+\frac{1}{2k+1}-\boxed{(나)}$$
따라서 $n=k+1$일 때에도 주어진 등식은 성립한다.

(i), (ii)에 의하여 모든 자연수 n에 대하여 주어진 등식은 성립한다.

위의 (가), (나)에 알맞은 식을 각각 $f(k)$, $g(k)$라 할 때, $f(4)\times g(3)$의 값은?

① $\dfrac{1}{32}$　　　② $\dfrac{1}{40}$　　　③ $\dfrac{1}{48}$

④ $\dfrac{1}{56}$　　　⑤ $\dfrac{1}{64}$

심화 유형 도전하기

• 정답률 13%

01 [6분]

수열 $\{a_n\}$이 다음과 같이 정의된다.

$$a_1=1,\ a_n a_{n+1}=\frac{2+(-1)^n}{2}\ (단,\ n=1,\ 2,\ 3,\ \cdots)$$

$\displaystyle\sum_{n=1}^{20} a_n$의 값을 A라 할 때, 다음 중 $\displaystyle\sum_{n=1}^{20}\frac{1}{a_n}$의 값을 나타내는 것은?

① $2A-1$ ② $2A$ ③ $2A+1$

④ $3A$ ⑤ $3A+1$

• 정답률 10%

02 [5분]

수열 $\{a_n\}$이

$$a_1=1,\ a_{2n}=a_n+1,\ a_{2n+1}=a_n-1\ (n=1,\ 2,\ 3,\ \cdots)$$

을 만족시킬 때, 〈보기〉에서 옳은 것만을 있는 대로 고른 것은?

┤보기├

ㄱ. $a_6=1$

ㄴ. $n=2^k$ (k는 자연수)이면 $a_n=k+1$이다.

ㄷ. $n=2^k+1$ (k는 자연수)이면 $a_n=k-1$이다.

① ㄱ   ② ㄴ   ③ ㄱ, ㄴ   ④ ㄴ, ㄷ   ⑤ ㄱ, ㄴ, ㄷ

• 정답률 8%

03 [8분]

임의의 두 자연수 n, k에 대하여 $f(k,\ n)$이 다음 조건을 만족시킨다.

  (가) $f(1,\ n+1)-f(1,\ n)=2^n$ (나) $f(k+1,\ n)=3f(k,\ n)+2n$

$f(1,\ 2)=5$일 때, $f(6,\ 5)-f(5,\ 6)$의 값은?

① 3484   ② 3494   ③ 3504   ④ 3514   ⑤ 3524

04

• 정답률 14%

6분

곡선 $y=\dfrac{1}{x}$ 위의 점 $A_1\left(\dfrac{1}{2},\ 2\right)$에서의 접선이 x축과 만나는 점을 B_1, 점 B_1을 지나고 x축에 수직인 직선이 곡선 $y=\dfrac{1}{x}$과 만나는 점을 A_2라 하자. 이와 같이 자연수 n에 대하여 곡선 $y=\dfrac{1}{x}$ 위의 점 A_n에서의 접선이 x축과 만나는 점을 B_n, 점 B_n을 지나고 x축에 수직인 직선이 곡선 $y=\dfrac{1}{x}$과 만나는 점을 A_{n+1}이라 하자. 점 A_n의 x좌표를 a_n이라 할 때, $a_n>2^{10}$을 만족시키는 자연수 n의 최솟값을 구하시오.

05

• 정답률 7%

8분

수열 $\{a_n\}$에 대하여

$$a_1=0,\ \sum_{k=1}^{n}(k+2)a_k=(n+1)a_{n+1}-n(n+1)(n+2)\ (n\ge 1) \qquad \cdots\cdots (*)$$

일 때, 다음은 일반항 a_n을 구하는 과정이다.

주어진 식 $(*)$로부터 $a_2=3$이다.

2 이상의 모든 자연수 n에 대하여

$$(n+2)a_n=(n+1)a_{n+1}-na_n-3n(n+1)$$

이고, $a_1=0$, $a_2=3$이므로 모든 자연수 n에 대하여

$$a_{n+1}=2a_n+\boxed{\ (가)\ }$$

이다.

$a_{n+2}=2a_{n+1}+\boxed{\ (가)\ }+3$이므로 모든 자연수 n에 대하여

$$a_{n+2}-a_{n+1}=2(a_{n+1}-a_n)+3$$

$a_{n+1}-a_n=b_n$이라 하면 $b_{n+1}=2b_n+3$이므로

$$b_{n+1}+3=2(b_n+3)$$

$$\therefore b_n=3\times 2^n-3$$

따라서 수열 $\{a_n\}$의 일반항은

$$a_n=a_1+\sum_{k=1}^{n-1}(3\times 2^k-3)$$

즉, $a_n=3\times 2^n-(\boxed{\ (나)\ })$이다.

위의 (가), (나)에 알맞은 식을 각각 $f(n)$, $g(n)$이라 할 때, $f(4)+g(4)$의 값은?

① 23   ② 25   ③ 27   ④ 29   ⑤ 31

- 자연수 n에 대하여 $\dfrac{xy}{x+y}=n$을 만족시키는 두 자연수 x, y의 순서쌍 (x, y)의 개수를 a_n이라 할 때, $\displaystyle\sum_{k=2}^{15} a_k$의 값을 구하시오.

상용로그표

수	0	1	2	3	4	5	6	7	8	9
1.0	.0000	.0043	.0086	.0128	.0170	.0212	.0253	.0294	.0334	.0374
1.1	.0414	.0453	.0492	.0531	.0569	.0607	.0645	.0682	.0719	.0755
1.2	.0792	.0828	.0864	.0899	.0934	.0969	.1004	.1038	.1072	.1106
1.3	.1139	.1173	.1206	.1239	.1271	.1303	.1335	.1367	.1399	.1430
1.4	.1461	.1492	.1523	.1553	.1584	.1614	.1644	.1673	.1703	.1732
1.5	.1761	.1790	.1818	.1847	.1875	.1903	.1931	.1959	.1987	.2014
1.6	.2041	.2068	.2095	.2122	.2148	.2175	.2201	.2227	.2253	.2279
1.7	.2304	.2330	.2355	.2380	.2405	.2430	.2455	.2480	.2504	.2529
1.8	.2553	.2577	.2601	.2625	.2648	.2672	.2695	.2718	.2742	.2765
1.9	.2788	.2810	.2833	.2856	.2878	.2900	.2923	.2945	.2967	.2989
2.0	.3010	.3032	.3054	.3075	.3096	.3118	.3139	.3160	.3181	.3201
2.1	.3222	.3243	.3263	.3284	.3304	.3324	.3345	.3365	.3385	.3404
2.2	.3424	.3444	.3464	.3483	.3502	.3522	.3541	.3560	.3579	.3598
2.3	.3617	.3636	.3655	.3674	.3692	.3711	.3729	.3747	.3766	.3784
2.4	.3802	.3820	.3838	.3856	.3874	.3892	.3909	.3927	.3945	.3962
2.5	.3979	.3997	.4014	.4031	.4048	.4065	.4082	.4099	.4116	.4133
2.6	.4150	.4166	.4183	.4200	.4216	.4232	.4249	.4265	.4281	.4298
2.7	.4314	.4330	.4346	.4362	.4378	.4393	.4409	.4425	.4440	.4456
2.8	.4472	.4487	.4502	.4518	.4533	.4548	.4564	.4579	.4594	.4609
2.9	.4624	.4639	.4654	.4669	.4683	.4698	.4713	.4728	.4742	.4757
3.0	.4771	.4786	.4800	.4814	.4829	.4843	.4857	.4871	.4886	.4900
3.1	.4914	.4928	.4942	.4955	.4969	.4983	.4997	.5011	.5024	.5038
3.2	.5051	.5065	.5079	.5092	.5105	.5119	.5132	.5145	.5159	.5172
3.3	.5185	.5198	.5211	.5224	.5237	.5250	.5263	.5276	.5289	.5302
3.4	.5315	.5328	.5340	.5353	.5366	.5378	.5391	.5403	.5416	.5428
3.5	.5441	.5453	.5465	.5478	.5490	.5502	.5514	.5527	.5539	.5551
3.6	.5563	.5575	.5587	.5599	.5611	.5623	.5635	.5647	.5658	.5670
3.7	.5682	.5694	.5705	.5717	.5729	.5740	.5752	.5763	.5775	.5786
3.8	.5798	.5809	.5821	.5832	.5843	.5855	.5866	.5877	.5888	.5899
3.9	.5911	.5922	.5933	.5944	.5955	.5966	.5977	.5988	.5999	.6010
4.0	.6021	.6031	.6042	.6053	.6064	.6075	.6085	.6096	.6107	.6117
4.1	.6128	.6138	.6149	.6160	.6170	.6180	.6191	.6201	.6212	.6222
4.2	.6232	.6243	.6253	.6263	.6274	.6284	.6294	.6304	.6314	.6325
4.3	.6335	.6345	.6355	.6365	.6375	.6385	.6395	.6405	.6415	.6425
4.4	.6435	.6444	.6454	.6464	.6474	.6484	.6493	.6503	.6513	.6522
4.5	.6532	.6542	.6551	.6561	.6571	.6580	.6590	.6599	.6609	.6618
4.6	.6628	.6637	.6646	.6656	.6665	.6675	.6684	.6693	.6702	.6712
4.7	.6721	.6730	.6739	.6749	.6758	.6767	.6776	.6785	.6794	.6803
4.8	.6812	.6821	.6830	.6839	.6848	.6857	.6866	.6875	.6884	.6893
4.9	.6902	.6911	.6920	.6928	.6937	.6946	.6955	.6964	.6972	.6981
5.0	.6990	.6998	.7007	.7016	.7024	.7033	.7042	.7050	.7059	.7067
5.1	.7076	.7084	.7093	.7101	.7110	.7118	.7126	.7135	.7143	.7152
5.2	.7160	.7168	.7177	.7185	.7193	.7202	.7210	.7218	.7226	.7235
5.3	.7243	.7251	.7259	.7267	.7275	.7284	.7292	.7300	.7308	.7316
5.4	.7324	.7332	.7340	.7348	.7356	.7364	.7372	.7380	.7388	.7396

상용로그표

수	0	1	2	3	4	5	6	7	8	9
5.5	.7404	.7412	.7419	.7427	.7435	.7443	.7451	.7459	.7466	.7474
5.6	.7482	.7490	.7497	.7505	.7513	.7520	.7528	.7536	.7543	.7551
5.7	.7559	.7566	.7574	.7582	.7589	.7597	.7604	.7612	.7619	.7627
5.8	.7634	.7642	.7649	.7657	.7664	.7672	.7679	.7686	.7694	.7701
5.9	.7709	.7716	.7723	.7731	.7738	.7745	.7752	.7760	.7767	.7774
6.0	.7782	.7789	.7796	.7803	.7810	.7818	.7825	.7832	.7839	.7846
6.1	.7853	.7860	.7868	.7875	.7882	.7889	.7896	.7903	.7910	.7917
6.2	.7924	.7931	.7938	.7945	.7952	.7959	.7966	.7973	.7980	.7987
6.3	.7993	.8000	.8007	.8014	.8021	.8028	.8035	.8041	.8048	.8055
6.4	.8062	.8069	.8075	.8082	.8089	.8096	.8102	.8109	.8116	.8122
6.5	.8129	.8136	.8142	.8149	.8156	.8162	.8169	.8176	.8182	.8189
6.6	.8195	.8202	.8209	.8215	.8222	.8228	.8235	.8241	.8248	.8254
6.7	.8261	.8267	.8274	.8280	.8287	.8293	.8299	.8306	.8312	.8319
6.8	.8325	.8331	.8338	.8344	.8351	.8357	.8363	.8370	.8376	.8382
6.9	.8388	.8395	.8401	.8407	.8414	.8420	.8426	.8432	.8439	.8445
7.0	.8451	.8457	.8463	.8470	.8476	.8482	.8488	.8494	.8500	.8506
7.1	.8513	.8519	.8525	.8531	.8537	.8543	.8549	.8555	.8561	.8567
7.2	.8573	.8579	.8585	.8591	.8597	.8603	.8609	.8615	.8621	.8627
7.3	.8633	.8639	.8645	.8651	.8657	.8663	.8669	.8675	.8681	.8686
7.4	.8692	.8698	.8704	.8710	.8716	.8722	.8727	.8733	.8739	.8745
7.5	.8751	.8756	.8762	.8768	.8774	.8779	.8785	.8791	.8797	.8802
7.6	.8808	.8814	.8820	.8825	.8831	.8837	.8842	.8848	.8854	.8859
7.7	.8865	.8871	.8876	.8882	.8887	.8893	.8899	.8904	.8910	.8915
7.8	.8921	.8927	.8932	.8938	.8943	.8949	.8954	.8960	.8965	.8971
7.9	.8976	.8982	.8987	.8993	.8998	.9004	.9009	.9015	.9020	.9025
8.0	.9031	.9036	.9042	.9047	.9053	.9058	.9063	.9069	.9074	.9079
8.1	.9085	.9090	.9096	.9101	.9106	.9112	.9117	.9122	.9128	.9133
8.2	.9138	.9143	.9149	.9154	.9159	.9165	.9170	.9175	.9180	.9186
8.3	.9191	.9196	.9201	.9206	.9212	.9217	.9222	.9227	.9232	.9238
8.4	.9243	.9248	.9253	.9258	.9263	.9269	.9274	.9279	.9284	.9289
8.5	.9294	.9299	.9304	.9309	.9315	.9320	.9325	.9330	.9335	.9340
8.6	.9345	.9350	.9355	.9360	.9365	.9370	.9375	.9380	.9385	.9390
8.7	.9395	.9400	.9405	.9410	.9415	.9420	.9425	.9430	.9435	.9440
8.8	.9445	.9450	.9455	.9460	.9465	.9469	.9474	.9479	.9484	.9489
8.9	.9494	.9499	.9504	.9509	.9513	.9518	.9523	.9528	.9533	.9538
9.0	.9542	.9547	.9552	.9557	.9562	.9566	.9571	.9576	.9581	.9586
9.1	.9590	.9595	.9600	.9605	.9609	.9614	.9619	.9624	.9628	.9633
9.2	.9638	.9643	.9647	.9652	.9657	.9661	.9666	.9671	.9675	.9680
9.3	.9685	.9689	.9694	.9699	.9703	.9708	.9713	.9717	.9722	.9727
9.4	.9731	.9736	.9741	.9745	.9750	.9754	.9759	.9763	.9768	.9773
9.5	.9777	.9782	.9786	.9791	.9795	.9800	.9805	.9809	.9814	.9818
9.6	.9823	.9827	.9832	.9836	.9841	.9845	.9850	.9854	.9859	.9863
9.7	.9868	.9872	.9877	.9881	.9886	.9890	.9894	.9899	.9903	.9908
9.8	.9912	.9917	.9921	.9926	.9930	.9934	.9939	.9943	.9948	.9952
9.9	.9956	.9961	.9965	.9969	.9974	.9978	.9983	.9987	.9991	.9996

삼각함수표

각(θ)	$\sin\theta$	$\cos\theta$	$\tan\theta$	각(θ)	$\sin\theta$	$\cos\theta$	$\tan\theta$
0°	0.0000	1.0000	0.0000	45°	0.7071	0.7071	1.0000
1°	0.0175	0.9998	0.0175	46°	0.7193	0.6947	1.0355
2°	0.0349	0.9994	0.0349	47°	0.7314	0.6820	1.0724
3°	0.0523	0.9986	0.0524	48°	0.7431	0.6691	1.1106
4°	0.0698	0.9976	0.0699	49°	0.7547	0.6561	1.1504
5°	0.0872	0.9962	0.0875	50°	0.7660	0.6428	1.1918
6°	0.1045	0.9945	0.1051	51°	0.7771	0.6293	1.2349
7°	0.1219	0.9925	0.1228	52°	0.7880	0.6157	1.2799
8°	0.1392	0.9903	0.1405	53°	0.7986	0.6018	1.3270
9°	0.1564	0.9877	0.1584	54°	0.8090	0.5878	1.3764
10°	0.1736	0.9848	0.1763	55°	0.8192	0.5736	1.4281
11°	0.1908	0.9816	0.1944	56°	0.8290	0.5592	1.4826
12°	0.2079	0.9781	0.2126	57°	0.8387	0.5446	1.5399
13°	0.2250	0.9744	0.2309	58°	0.8480	0.5299	1.6003
14°	0.2419	0.9703	0.2493	59°	0.8572	0.5150	1.6643
15°	0.2588	0.9659	0.2679	60°	0.8660	0.5000	1.7321
16°	0.2756	0.9613	0.2867	61°	0.8746	0.4848	1.8040
17°	0.2924	0.9563	0.3057	62°	0.8829	0.4695	1.8807
18°	0.3090	0.9511	0.3249	63°	0.8910	0.4540	1.9626
19°	0.3256	0.9455	0.3443	64°	0.8988	0.4384	2.0503
20°	0.3420	0.9397	0.3640	65°	0.9063	0.4226	2.1445
21°	0.3584	0.9336	0.3839	66°	0.9135	0.4067	2.2460
22°	0.3746	0.9272	0.4040	67°	0.9205	0.3907	2.3559
23°	0.3907	0.9205	0.4245	68°	0.9272	0.3746	2.4751
24°	0.4067	0.9135	0.4452	69°	0.9336	0.3584	2.6051
25°	0.4226	0.9063	0.4663	70°	0.9397	0.3420	2.7475
26°	0.4384	0.8988	0.4877	71°	0.9455	0.3256	2.9042
27°	0.4540	0.8910	0.5095	72°	0.9511	0.3090	3.0777
28°	0.4695	0.8829	0.5317	73°	0.9563	0.2924	3.2709
29°	0.4848	0.8746	0.5543	74°	0.9613	0.2756	3.4874
30°	0.5000	0.8660	0.5774	75°	0.9659	0.2588	3.7321
31°	0.5150	0.8572	0.6009	76°	0.9703	0.2419	4.0108
32°	0.5299	0.8480	0.6249	77°	0.9744	0.2250	4.3315
33°	0.5446	0.8387	0.6494	78°	0.9781	0.2079	4.7046
34°	0.5592	0.8290	0.6745	79°	0.9816	0.1908	5.1446
35°	0.5736	0.8192	0.7002	80°	0.9848	0.1736	5.6713
36°	0.5878	0.8090	0.7265	81°	0.9877	0.1564	6.3138
37°	0.6018	0.7986	0.7536	82°	0.9903	0.1392	7.1154
38°	0.6157	0.7880	0.7813	83°	0.9925	0.1219	8.1443
39°	0.6293	0.7771	0.8098	84°	0.9945	0.1045	9.5144
40°	0.6428	0.7660	0.8391	85°	0.9962	0.0872	11.4301
41°	0.6561	0.7547	0.8693	86°	0.9976	0.0698	14.3007
42°	0.6691	0.7431	0.9004	87°	0.9986	0.0523	19.0811
43°	0.6820	0.7314	0.9325	88°	0.9994	0.0349	28.6363
44°	0.6947	0.7193	0.9657	89°	0.9998	0.0175	57.2900
45°	0.7071	0.7071	1.0000	90°	1.0000	0.0000	

Memo

Memo

PROJECT
531
HYPER

수준별 단기 특강서

수학 수학Ⅰ H 우월하게

정답과 풀이

정답과 풀이

수학 Ⅰ

I 지수함수와 로그함수

01 지수

| 개념 & 대표 유형 짚어보기 | 본문 08 ~ 09쪽

01 3 **02** ⑤ **03** ③ **04** ③ **05** 3 **06** 18
07 16 **08** ⑤ **09** ③

| 심화 유형 도전하기 | 본문 10 ~ 11쪽

01 5 **02** 185 **03** 15 **04** 24 **05** ④ **06** ④

02 로그

| 개념 & 대표 유형 짚어보기 | 본문 12 ~ 13쪽

01 ① **02** ⑤ **03** 24 **04** ④ **05** ② **06** 44
07 ② **08** 25 **09** ①

| 심화 유형 도전하기 | 본문 14 ~ 15쪽

01 67 **02** 102 **03** 33 **04** ⑤ **05** ④ **06** ④

03 지수함수

| 개념 & 대표 유형 짚어보기 | 본문 16 ~ 17쪽

01 ④ **02** ③ **03** ③ **04** 26 **05** ③ **06** 2
07 25 **08** ④ **09** 204

| 심화 유형 도전하기 | 본문 18 ~ 19쪽

01 ③ **02** 260 **03** 14 **04** ③ **05** ① **06** ②

04 로그함수

| 개념 & 대표 유형 짚어보기 | 본문 20 ~ 21쪽

01 ③ **02** ③ **03** ③ **04** ④ **05** 7 **06** ①
07 ① **08** ② **09** ①

| 심화 유형 도전하기 | 본문 22 ~ 23쪽

01 ④ **02** 28 **03** 18 **04** ④ **05** 54 **06** 144

II 삼각함수

01 삼각함수

| 개념 & 대표 유형 짚어보기 | 본문 26 ~ 27쪽

01 29 **02** ② **03** 12 **04** 3 **05** 75 **06** ②
07 ④ **08** 17 **09** ②

| 심화 유형 도전하기 | 본문 28 ~ 29쪽

01 5 **02** ③ **03** ④ **04** ③ **05** 30 **06** 84

Ⅰ. 지수함수와 로그함수

01 지수

01 3   **02** ⑤   **03** ③   **04** ③   **05** 3   **06** 18

07 16   **08** ⑤   **09** ③

01

$9+4\sqrt{5}>0$, $9-4\sqrt{5}>0$에서 $a>0$, $b>0$이므로

$\sqrt{\dfrac{b}{a}}+\sqrt{\dfrac{a}{b}}=\dfrac{\sqrt{b}}{\sqrt{a}}+\dfrac{\sqrt{a}}{\sqrt{b}}=\dfrac{b+a}{\sqrt{a}\sqrt{b}}=\dfrac{a+b}{\sqrt{ab}}$ ······ ㉠

a는 $9+4\sqrt{5}$의 세제곱근이므로 $a^3=9+4\sqrt{5}$

b는 $9-4\sqrt{5}$의 세제곱근이므로 $b^3=9-4\sqrt{5}$

$a^3b^3=(9+4\sqrt{5})(9-4\sqrt{5})=1$이므로

$(ab)^3=1$

이때, ab는 실수이므로 $ab=1$ ······ ㉡

$a^3+b^3=(9+4\sqrt{5})+(9-4\sqrt{5})=18$이므로

$a^3+b^3=(a+b)^3-3ab(a+b)=18$

$ab=1$이므로 $(a+b)^3-3(a+b)=18$

$a+b=x$로 놓으면

$x^3-3x=18$, $x^3-3x-18=0$

$(x-3)(x^2+3x+6)=0$

x는 양의 실수이므로 $x=3$ ∴ $a+b=3$ ······ ㉢

㉡, ㉢을 ㉠에 대입하면

$\sqrt{\dfrac{b}{a}}+\sqrt{\dfrac{a}{b}}=\dfrac{a+b}{\sqrt{ab}}=\dfrac{3}{\sqrt{1}}=3$ **달** 3

02

$\sqrt{a}=\sqrt[3]{9}-\dfrac{1}{\sqrt[3]{9}}$이므로

$\sqrt{a^3}+3\sqrt{a}-\dfrac{8}{9}=(\sqrt{a})^3+3\sqrt{a}-\dfrac{8}{9}$

$\qquad=\left(\sqrt[3]{9}-\dfrac{1}{\sqrt[3]{9}}\right)^3+3\left(\sqrt[3]{9}-\dfrac{1}{\sqrt[3]{9}}\right)-\dfrac{8}{9}$

$\qquad=(\sqrt[3]{9})^3-\dfrac{1}{(\sqrt[3]{9})^3}-\dfrac{8}{9}$

$\qquad=9-\dfrac{1}{9}-\dfrac{8}{9}=8$

$\therefore \sqrt[3]{\sqrt{a^3}+3\sqrt{a}-\dfrac{8}{9}}=\sqrt[3]{8}=\sqrt[3]{2^3}=2$

/ 보충 설명 /

$\left(x-\dfrac{1}{x}\right)^3+3\left(x-\dfrac{1}{x}\right)=x^3-\dfrac{1}{x^3}$이므로

$\left(\sqrt[3]{9}-\dfrac{1}{\sqrt[3]{9}}\right)^3+3\left(\sqrt[3]{9}-\dfrac{1}{\sqrt[3]{9}}\right)=(\sqrt[3]{9})^3-\dfrac{1}{(\sqrt[3]{9})^3}$ **달** ⑤

03

3의 n제곱근 중 양수인 것을 x라 하면 $x=\sqrt[n]{3}$

$\therefore x^{60}=(\sqrt[n]{3})^{60}=3^{\frac{60}{n}}$

즉, x^{60}이 세 자리의 자연수이려면

$3^4=81$, $3^5=243$, $3^6=729$, $3^7=2187$에서

$\dfrac{60}{n}=5$ 또는 $\dfrac{60}{n}=6$

$\therefore n=10$ 또는 $n=12$

따라서 구하는 모든 자연수 n의 값의 합은

$10+12=22$ **달** ③

04

$2^x=2^p+2^{-p}$, $2^y=2^p-2^{-p}$이고 $x+y=2$이므로

$2^{2p}-2^{-2p}=(2^p+2^{-p})(2^p-2^{-p})$

$\qquad=2^x\times 2^y=2^{x+y}=2^2=4$

$\therefore 4^x+4^y=(2^x)^2+(2^y)^2$

$\qquad=(2^p+2^{-p})^2+(2^p-2^{-p})^2$

$\qquad=2(2^{2p}+2^{-2p})$

$\qquad=2\sqrt{(2^{2p}+2^{-2p})^2}$

$\qquad=2\sqrt{(2^{2p}-2^{-2p})^2+4}$

$\qquad=2\sqrt{4^2+4}$

$\qquad=4\sqrt{5}$ **달** ③

05

$4xy-2x-6y+3=(2x-3)(2y-1)$ ······ ㉠

한편, $2^x=3^y=2\sqrt{6}$의 각 변을 제곱하면

$2^{2x}=3^{2y}=24$

$2^{2x}=24$의 양변을 2^3으로 나누면 $2^{2x-3}=3$ ······ ㉡

$3^{2y}=24$의 양변을 3으로 나누면 $3^{2y-1}=8$ ······ ㉢

㉡의 양변을 $(2y-1)$제곱하면

$(2^{2x-3})^{2y-1}=3^{2y-1}=8=2^3$ $(\because ㉢)$

즉, $2^{(2x-3)(2y-1)}=2^3$이므로 $(2x-3)(2y-1)=3$ $(\because ㉠)$

따라서 구하는 값은 3이다.   **달** 3

06

이차방정식 $x^2-3x+1=0$에서 근과 계수의 관계에 의하여

$a+b=3$, $ab=1$이므로 $a>0$, $b>0$

$\therefore \dfrac{a^b}{b^a}+\dfrac{b^b}{a^a}=\dfrac{a^b\times a^a+b^b\times b^a}{b^a\times a^a}=\dfrac{a^{a+b}+b^{a+b}}{(ab)^a}$

$\qquad=\dfrac{a^3+b^3}{1^a}=a^3+b^3=(a+b)^3-3ab(a+b)$

$\qquad=3^3-3\times 1\times 3=18$

/ 다른 풀이 /

이차방정식 $x^2-3x+1=0$에서 근과 계수의 관계에 의하여

$a+b=3$, $ab=1$

$a>0$, $b>0$이고, $ab=1$에서 $b=\dfrac{1}{a}$이므로

$\dfrac{a^b}{b^a}=\dfrac{a^{\frac{1}{a}}}{\left(\dfrac{1}{a}\right)^a}=\dfrac{a^{\frac{1}{a}}}{(a^{-1})^a}=\dfrac{a^{\frac{1}{a}}}{a^{-a}}=a^{\frac{1}{a}+a}=a^{a+b}=a^3$ ······ ㉠

또한 $ab=1$에서 $a=\dfrac{1}{b}$이므로

$\dfrac{b^b}{a^a}=\dfrac{b^b}{\left(\dfrac{1}{b}\right)^{\frac{1}{b}}}=\dfrac{b^b}{(b^{-1})^{\frac{1}{b}}}=b^{b+\frac{1}{b}}=b^3$ ······ ㉡

⊙, ⓒ에서
$$\frac{a^b}{b^a}+\frac{b^b}{a^a}=a^3+b^3$$
$$=(a+b)^3-3ab(a+b)$$
$$=3^3-3\times1\times3=18$$
답 18

07

조건 ㈎에서 양변을 a^x으로 나누면
$$a^x-4a+a^{-x}=0$$
$$\therefore a^x+a^{-x}=4a \qquad\qquad \cdots\cdots ⊙$$
조건 ㈏에서 양변을 y제곱하면 $b=2^y$ $\qquad\qquad \cdots\cdots ⓒ$
조건 ㈐에서 $a^{\frac{1}{a}}=b^{\frac{1}{b}}=ab=k\ (k\ne1)$로 놓으면
$a=k^a$, $b=k^b$이므로 $ab=k^{a+b}=k$
이때, $k\ne1$이므로
$$a+b=1 \qquad\qquad \cdots\cdots ⓒ$$
⊙, ⓒ, ⓒ에 의하여
$$\frac{2+a^{2x}+a^{-2x}}{1-2^y}+2^{y+4}=\frac{(a^x+a^{-x})^2}{1-b}+16b$$
$$=\frac{16a^2}{a}+16b$$
$$=16(a+b)=16$$
답 16

08

A가 배양하는 박테리아의 수는 2일만에 3배가 되었으므로
$$a^2=3 \qquad \therefore a=\sqrt{3}$$
B가 배양하는 박테리아의 수는 3일만에 4배가 되었으므로
$$b^3=4 \qquad \therefore b=\sqrt[3]{4}$$
C가 배양하는 박테리아의 수는 5일만에 10배가 되었으므로
$$c^5=10 \qquad \therefore c=\sqrt[5]{10}$$
$a=\sqrt{3}$, $b=\sqrt[3]{4}$, $c=\sqrt[5]{10}$이므로
(i) $a=\sqrt{3}$, $b=\sqrt[3]{4}$의 양변을 각각 6제곱하면
$$a^6=(\sqrt{3})^6=3^3=27$$
$$b^6=(\sqrt[3]{4})^6=4^2=16$$
이므로 $b^6<a^6$ $\qquad \therefore b<a$
(ii) $b=\sqrt[3]{4}$, $c=\sqrt[5]{10}$의 양변을 각각 15제곱하면
$$b^{15}=(\sqrt[3]{4})^{15}=4^5=2^{10}=1024$$
$$c^{15}=(\sqrt[5]{10})^{15}=10^3=1000$$
이므로 $c^{15}<b^{15}$ $\qquad \therefore c<b$
(i), (ii)에서 $c<b<a$
답 ⑤

09

$9=k\times3^x$에서 $3^x=\dfrac{9}{k}$
$12=k\times9^x$에서 $12=k\times(3^x)^2=k\times\left(\dfrac{9}{k}\right)^2$
$$12=\frac{81}{k} \qquad \therefore k=\frac{27}{4}$$
한편, $9=k\times3^x$에서 $9=\dfrac{27}{4}\times3^x$이므로 $3^x=\dfrac{4}{3}$

따라서 이 액체 27 L를 냉매를 써서 얼리는 데 걸리는 시간은
$$\frac{27}{4}\times27^x=\frac{27}{4}\times(3^x)^3$$
$$=\frac{27}{4}\times\left(\frac{4}{3}\right)^3$$
$$=16\ (분)$$
답 ③

심화 유형 도전하기 | 본문 10~11쪽 |

01 5   **02** 185   **03** 15   **04** 24   **05** ④   **06** ④

01

(i) $t^4=x(x-1)>0$, 즉 $x<0$ 또는 $x>1$일 때
$t=\pm\sqrt[4]{x(x-1)}$이므로 $f(x)=2$
(ii) $t^4=x(x-1)=0$, 즉 $x=0$ 또는 $x=1$일 때
$t=0$이므로 $f(x)=1$
(iii) $t^4=x(x-1)<0$, 즉 $0<x<1$일 때
이를 만족시키는 실수 t는 없으므로 $f(x)=0$
(i)~(iii)에서 함수 $y=f(x)$의 그래프는 다음 그림과 같다.

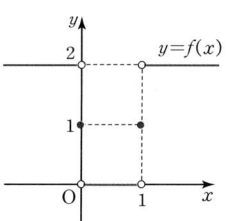

이때 $y=ax(x-1)+b=a\left(x-\dfrac{1}{2}\right)^2-\dfrac{a}{4}+b$이므로
함수 $y=f(x)$의 그래프와 함수 $y=ax(x-1)+b$의 그래프는 모두 직선 $x=\dfrac{1}{2}$에 대하여 대칭이다.

따라서 함수 $y=f(x)$의 그래프와 함수 $y=ax(x-1)+b$의 그래프가 서로 다른 5개의 점에서 만나려면 다음 그림과 같이 함수 $y=ax(x-1)+b$의 그래프가 x축에 접하고 점 $(0,1)$을 지나야 한다.

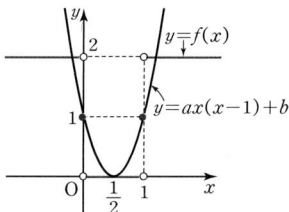

함수 $y=ax(x-1)+b$의 그래프가 점 $(0,1)$을 지나려면
$$b=1$$
또한 함수 $y=ax(x-1)+1$의 그래프가 x축에 접하려면
점 $\left(\dfrac{1}{2},0\right)$을 지나야 하므로
$$0=\frac{a}{2}\times\left(-\frac{1}{2}\right)+1 \qquad \therefore a=4$$
$$\therefore a+b=4+1=5$$
답 5

02

$(\sqrt[3]{a^7})^{\frac{5}{2}}$이 어떤 자연수의 n제곱근이므로 $\{(\sqrt[3]{a^7})^{\frac{5}{2}}\}^n$은 자연수이다.

즉, $\{(\sqrt[3]{a^7})^{\frac{5}{2}}\}^n=(a^{\frac{7}{3}})^{\frac{5}{2}n}=a^{\frac{35}{6}n}$은 자연수이므로

$2\le a\le 30$인 자연수 a에 대하여

(i) $a=k^2$(k는 소수) 꼴, 즉 $a=4$, 9, 25인 경우

$a^{\frac{35}{6}n}=(k^2)^{\frac{35}{6}n}=k^{\frac{35}{3}n}$이 자연수이므로 n은 3의 배수이다.

$2\le n\le 30$이므로 n의 개수는 3, 6, 9, $\cdots$, 30의 10이다.

$\therefore f(a)=10$

(ii) $a=k^3$(k는 소수) 꼴, 즉 $a=8$, 27인 경우

$a^{\frac{35}{6}n}=(k^3)^{\frac{35}{6}n}=k^{\frac{35}{2}n}$이 자연수이므로 n은 2의 배수이다.

$2\le n\le 30$이므로 n의 개수는 2, 4, 6, $\cdots$, 30의 15이다.

$\therefore f(a)=15$

(iii) $a=k^4$(k는 소수) 꼴, 즉 $a=16$인 경우

$a^{\frac{35}{6}n}=(k^4)^{\frac{35}{6}n}=k^{\frac{70}{3}n}$이 자연수이므로 n은 3의 배수이다.

$2\le n\le 30$이므로 n의 개수는 3, 6, 9, $\cdots$, 30의 10이다.

$\therefore f(a)=10$

(iv) $a=k^2$, $a=k^3$, $a=k^4$(k는 소수) 꼴을 제외한 a인 경우

$a^{\frac{35}{6}n}$이 자연수이므로 n은 6의 배수이다.

$2\le n\le 30$이므로 n의 개수는 6, 12, 18, 24, 30의 5이다.

$\therefore f(a)=5$

(i)~(iv)에서

$f(2)+f(3)+f(4)+\cdots+f(30)$

$=3\times 10+2\times 15+1\times 10+(29-3-2-1)\times 5$

$=185$

답 185

03

$\dfrac{2^a}{3^b}=\dfrac{1}{3}$, $\dfrac{2^b}{3^a}=\dfrac{4}{3}$를 변끼리 곱하면

$\dfrac{2^a\times 2^b}{3^b\times 3^a}=\dfrac{1}{3}\times\dfrac{4}{3}$

$\dfrac{2^{a+b}}{3^{a+b}}=\dfrac{4}{9}$, $\left(\dfrac{2}{3}\right)^{a+b}=\left(\dfrac{2}{3}\right)^2$

$\therefore a+b=2$

$\dfrac{2^a}{3^b}=\dfrac{1}{3}$에서 $2^a=3^{b-1}$

$\dfrac{2^b}{3^a}=\dfrac{4}{3}$에서 $2^b=4\times 3^{a-1}$

$\therefore 6^a+6^b=2^a\times 3^a+2^b\times 3^b$

$\qquad\qquad =3^{b-1}\times 3^a+4\times 3^{a-1}\times 3^b$

$\qquad\qquad =3^{a+b-1}+4\times 3^{a+b-1}$

$\qquad\qquad =5\times 3^{a+b-1}$

$\qquad\qquad =5\times 3^{2-1}=15$

/ 다른 풀이 /

$\dfrac{2^a}{3^b}=\dfrac{1}{3}$, $\dfrac{2^b}{3^a}=\dfrac{4}{3}$를 변끼리 곱하면

$\dfrac{2^a\times 2^b}{3^b\times 3^a}=\dfrac{1}{3}\times\dfrac{4}{3}$

$\dfrac{2^{a+b}}{3^{a+b}}=\dfrac{4}{9}$, $\left(\dfrac{2}{3}\right)^{a+b}=\left(\dfrac{2}{3}\right)^2$

$\therefore a+b=2$ $\qquad\qquad\qquad\cdots\cdots$ ㉠

$\dfrac{2^b}{3^a}=\dfrac{4}{3}$이므로 $\dfrac{3^a}{2^b}=\dfrac{3}{4}$

$\dfrac{2^a}{3^b}=\dfrac{1}{3}$, $\dfrac{3^a}{2^b}=\dfrac{3}{4}$을 변끼리 곱하면

$\dfrac{2^a\times 3^a}{3^b\times 2^b}=\dfrac{1}{4}$, $\dfrac{6^a}{6^b}=\dfrac{1}{4}$

$6^{a-b}=\dfrac{1}{4}$ $\qquad\qquad\qquad\cdots\cdots$ ㉡

㉠, ㉡에서

$6^{a-(2-a)}=\dfrac{1}{4}$, $6^{2a-2}=\dfrac{1}{4}$, $\dfrac{6^{2a}}{36}=\dfrac{1}{4}$

$6^{2a}=9$, $(6^a)^2=3^2$

$\therefore 6^a=3$ ($\because 6^a>0$) $\qquad\cdots\cdots$ ㉢

㉠, ㉢에서

$6^{2-b}=3$, $\dfrac{36}{6^b}=3$

$\therefore 6^b=12$

$\therefore 6^a+6^b=3+12=15$

답 15

04

$\alpha=\sqrt[3]{18n}=\sqrt[3]{2\times 3^2\times n}$, $\beta=\sqrt[6]{\dfrac{n}{12}}=\sqrt[6]{\dfrac{n}{2^2\times 3}}$, $n=2^x\times 3^y$이라 할 때,

$B=\{\alpha^2, \beta^2, \alpha\beta\}$

$\quad =\left\{\sqrt[3]{2^2\times 3^4\times n^2}, \sqrt[6]{\dfrac{n^2}{2^4\times 3^2}}, \sqrt[6]{3^3\times n^3}\right\}$

$\quad =\left\{\sqrt[3]{2^{2x+2}\times 3^{2y+4}}, \sqrt[6]{2^{2x-4}\times 3^{2y-2}}, \sqrt{2^x\times 3^{y+1}}\right\}$

집합 B가 자연수 전체의 집합의 부분집합이 되기 위해서는 집합 B의 원소가 모두 자연수가 되어야 하므로

$2x+2=3l_1$, $2x-4=6l_2$, $x=2l_3$ (l_1, l_2, l_3은 음이 아닌 정수)

$\qquad\qquad\qquad\qquad\qquad\qquad\cdots\cdots$ ㉠

$2y+4=3m_1$, $2y-2=6m_2$, $y+1=2m_3$

$\qquad\quad$ (m_1, m_2, m_3은 음이 아닌 정수) $\quad\cdots\cdots$ ㉡

㉠을 만족시키는 2 이상의 정수 x는 $x=2$, 8, 14, 20, $\cdots$이므로

$x=6k_1+2$ (k_1은 음이 아닌 정수)

㉡을 만족시키는 2 이상의 정수 y는 $y=7$, 13, 19, 25, $\cdots$이므로

$y=6k_2+7$ (k_2은 음이 아닌 정수)

집합 C의 원소 중 x, y가 2 이상의 정수인 $2^x\times 3^y$ 꼴로 나타내어지는 자연수 n의 최솟값 N은

$N=2^2\times 3^7$

따라서 N의 양의 약수의 개수는

$(2+1)\times(7+1)=24$

/ 보충 설명 /

자연수 N이

$N=p^a q^b r^c$ (p, q, r는 서로 다른 소수, a, b, c는 자연수)으로 소인수분해될 때, N의 양의 약수의 개수는 $(a+1)(b+1)(c+1)$이므로

$N=2^2\times 3^7$일 때, N의 양의 약수의 개수는

$(2+1)\times(7+1)=24$

답 24

05

$a^b < b^a < 1$에서 $1 < b^{-a} < a^{-b}$이고

$a^{-b} - b^{-a} = \dfrac{1}{a^b} - \dfrac{1}{b^a} = \dfrac{b^a - a^b}{a^b b^a} > b^a - a^b$

이므로 두 사각형 A, B는 다음 그림과 같다.

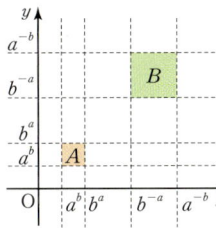

사각형 B의 넓이가 사각형 A의 넓이의 4배이고, 두 사각형 A, B는 모두 정사각형이므로 변의 길이의 비는 $2 : 1$이다.

$\therefore a^{-b} - b^{-a} = 2(b^a - a^b)$ $\qquad \cdots\cdots$ ㉠

$a^{-b} - b^{-a} = \dfrac{1}{a^b} - \dfrac{1}{b^a} = \dfrac{b^a - a^b}{a^b b^a} = 2(b^a - a^b)$이므로

$a^b b^a = \dfrac{1}{2}$ $\qquad\qquad\qquad\qquad \cdots\cdots$ ㉡

이때, 두 사각형 A, B의 둘레의 길이의 합은 3이므로

$4\{(a^{-b} - b^{-a}) + (b^a - a^b)\}$

$= 4\{2(b^a - a^b) + (b^a - a^b)\}$ $(\because$ ㉠$)$

$= 4 \times 3(b^a - a^b) = 3$

$\therefore b^a - a^b = \dfrac{1}{4}$ $\qquad\qquad\qquad \cdots\cdots$ ㉢

㉡, ㉢에서

$(a^b + b^a)^2 = (b^a - a^b)^2 + 4a^b b^a = \dfrac{1}{16} + 4 \times \dfrac{1}{2} = \dfrac{33}{16}$

$a^b + b^a > 0$이므로 $a^b + b^a = \dfrac{\sqrt{33}}{4}$ **답** ④

06

세 수 A, B, C를 모두 $n(n+1)$제곱하면

$A^{n(n+1)} = (b \times \sqrt[n]{a^{n+1}})^{n(n+1)} = a^{(n+1)^2} \times b^{n(n+1)}$

$B^{n(n+1)} = (a \times \sqrt[n]{b^{n+1}})^{n(n+1)} = a^{n(n+1)} \times b^{(n+1)^2}$

$C^{n(n+1)} = (\sqrt[n+1]{a^n \times b^{n+1}})^{n(n+1)} = a^{n^2} \times b^{n(n+1)}$

$A^{n(n+1)}$, $B^{n(n+1)}$, $C^{n(n+1)}$은 모두 양수이므로

$\dfrac{A^{n(n+1)}}{B^{n(n+1)}} = \dfrac{a^{(n+1)^2} \times b^{n(n+1)}}{a^{n(n+1)} \times b^{(n+1)^2}} = \dfrac{a^{n+1}}{b^{n+1}} = \left(\dfrac{a}{b}\right)^{n+1} < 1$ $(\because 1 < a < b)$

$\therefore A^{n(n+1)} < B^{n(n+1)}$ $\qquad\qquad \cdots\cdots$ ㉠

$\dfrac{B^{n(n+1)}}{C^{n(n+1)}} = \dfrac{a^{n(n+1)} \times b^{(n+1)^2}}{a^{n^2} \times b^{n(n+1)}} = a^n \times b^{n+1} = (ab)^n \times b > 1$

$\therefore C^{n(n+1)} < B^{n(n+1)}$ $\qquad\qquad \cdots\cdots$ ㉡

$\dfrac{A^{n(n+1)}}{C^{n(n+1)}} = \dfrac{a^{(n+1)^2} \times b^{n(n+1)}}{a^{n^2} \times b^{n(n+1)}} = a^{2n+1} > 1$

$\therefore C^{n(n+1)} < A^{n(n+1)}$ $\qquad\qquad \cdots\cdots$ ㉢

㉠, ㉡, ㉢에서 $C^{n(n+1)} < A^{n(n+1)} < B^{n(n+1)}$

이때, A, B, C는 모두 양수이므로 $C < A < B$이다. **답** ④

01

(i) 밑의 조건에서 $a - 2 > 0$이고 $a - 2 \neq 1$

$\therefore 2 < a < 3$ 또는 $a > 3$

(ii) 진수의 조건에서 모든 실수 x에 대하여 $x^2 - 2ax + 6a > 0$이어야 하므로 이차방정식 $x^2 - 2ax + 6a = 0$의 판별식을 D라 하면

$\dfrac{D}{4} = a^2 - 6a < 0$, $a(a - 6) < 0$

$\therefore 0 < a < 6$

(i), (ii)에서

$2 < a < 3$ 또는 $3 < a < 6$

따라서 정수 a는 4, 5이므로 구하는 합은

$4 + 5 = 9$ **답** ①

02

이차방정식의 근의 공식에 의하여

$x = \dfrac{\log 5 \pm \sqrt{(\log 5)^2 + 4 \log 2}}{2}$

$= \dfrac{\log 5 \pm \sqrt{(1 - \log 2)^2 + 4 \log 2}}{2}$

$= \dfrac{\log 5 \pm \sqrt{(\log 2)^2 + 2 \log 2 + 1}}{2}$

$= \dfrac{\log 5 \pm \sqrt{(\log 2 + 1)^2}}{2}$

$= \dfrac{\log 5 \pm (\log 2 + 1)}{2}$

$\alpha > \beta$이므로

$\log \alpha = \dfrac{\log 5 + (\log 2 + 1)}{2} = \dfrac{(\log 5 + \log 2) + 1}{2}$

$= \dfrac{1 + 1}{2} = 1$

$\therefore \alpha = 10$

$\log \beta = \dfrac{\log 5 - (\log 2 + 1)}{2} = \dfrac{\log 5 - \log 2 - 1}{2}$

$= \dfrac{(1 - \log 2) - \log 2 - 1}{2} = -\log 2 = \log \dfrac{1}{2}$

$\therefore \beta = \dfrac{1}{2}$

따라서 $\alpha = 10$, $\beta = \dfrac{1}{2}$이므로 $\alpha - \beta = \dfrac{19}{2}$

/ 다른 풀이 /

$x^2 - x \log 5 - \log 2 = 0$에서

$x^2 - x \log \dfrac{10}{2} - \log 2 = 0$

$x^2 - x(\log 10 - \log 2) - \log 2 = 0$

$x^2 - x(1 - \log 2) - \log 2 = 0$

$x^2 + x(\log 2 - 1) - \log 2 = 0$

$(x + \log 2)(x - 1) = 0$

$\therefore x = -\log 2$ 또는 $x = 1$

$\alpha > \beta$이므로

$\log \alpha = 1 = \log 10$, $\log \beta = -\log 2 = \log \dfrac{1}{2}$

따라서 $\alpha = 10$, $\beta = \dfrac{1}{2}$이므로 $\alpha - \beta = \dfrac{19}{2}$　　　　**달** ⑤

03

$\log_{12} \dfrac{n}{2} = \log_{24} n$에서 $\dfrac{\log \dfrac{n}{2}}{\log 12} = \dfrac{\log n}{\log 24}$

$\dfrac{\log n - \log 2}{\log 12} = \dfrac{\log n}{\log 24}$

$\log 24 \times (\log n - \log 2) = \log n \times \log 12$

$(\log 24 - \log 12) \log n = \log 24 \times \log 2$

$\log \dfrac{24}{12} \times \log n = \log 24 \times \log 2$

$\log n = \log 24$

$\therefore n = 24$　　　　**달** 24

04

$\log_{a+b} (a-b) \times \log_c (a-b) = 2\log_{a+b} (a-b) - \log_c (a-b)$

에서 $a - b > 0$이고, $a - b \neq 1$이므로 밑의 변환 공식에 의하여

$\dfrac{1}{\log_{a-b} (a+b)} \times \dfrac{1}{\log_{a-b} c} = \dfrac{2}{\log_{a-b} (a+b)} - \dfrac{1}{\log_{a-b} c}$

$\dfrac{1}{\log_{a-b} (a+b) \times \log_{a-b} c} = \dfrac{2\log_{a-b} c - \log_{a-b} (a+b)}{\log_{a-b} (a+b) \times \log_{a-b} c}$　　　　$\cdots\cdots$ ㉠

$a > b$, $a + b \neq 1$, $a - b \neq 1$, $c \neq 1$이므로

$\log_{a-b} (a+b) \neq 0$, $\log_{a-b} c \neq 0$

즉, ㉠에서 $1 = 2\log_{a-b} c - \log_{a-b} (a+b)$

$1 + \log_{a-b} (a+b) = 2\log_{a-b} c$

$\log_{a-b} (a^2 - b^2) = \log_{a-b} c^2$

$a^2 - b^2 = c^2$　　$\therefore a^2 = b^2 + c^2$

따라서 주어진 식을 만족시키는 삼각형은 빗변의 길이가 a인 직각삼각형이다.　　　　**달** ④

05

$[\log x]$는 $\log x$의 정수 부분이므로 $f(x) = \log x - [\log x]$는 $\log x$의 소수 부분이다.

ㄱ. [반례] $\log x = 1 + \dfrac{3}{4}$이면

$\log x$의 소수 부분은 $\dfrac{3}{4}$이므로 $f(x) = \dfrac{3}{4}$

$\log x^3 = 3 \log x = 3 \times \left(1 + \dfrac{3}{4}\right) = 5 + \dfrac{1}{4}$이고

$\log x^3$의 소수 부분은 $\dfrac{1}{4}$이므로 $f(x^3) = \dfrac{1}{4}$

$\therefore \dfrac{1}{4} = f(x^3) \neq 3f(x) = \dfrac{9}{4}$ (거짓)

ㄴ. $\log x = m + f(x)$ (m은 정수, $f(x) \neq 0$)로 놓으면

$\log \dfrac{1}{x} = -\log x = -\{m + f(x)\}$

　　　　$= -m - f(x) = (-m-1) + \{1 - f(x)\}$

이므로 $\log \dfrac{1}{x}$의 소수 부분은 $1 - f(x)$이다.

즉, $f\left(\dfrac{1}{x}\right) = 1 - f(x)$

$\therefore f(x) + f\left(\dfrac{1}{x}\right) = 1$ (참)

ㄷ. [반례] $\log x = \dfrac{3}{2}$, $\log y = \dfrac{5}{2}$이면

$\log x = 1 + \dfrac{1}{2}$, $\log y = 2 + \dfrac{1}{2}$

따라서 $f(x) = f(y) = \dfrac{1}{2}$이지만 $x = 10^{\frac{3}{2}}$, $y = 10^{\frac{5}{2}}$이므로

$x \neq y$ (거짓)

따라서 옳은 것은 ㄴ이다.

／ **보충 설명** ／

$[x]$는 실수 x보다 크지 않은 최대의 정수를 말한다.

즉, 임의의 정수 n에 대하여 $n \leq x < n+1$이면 $[x] = n$이므로

$[\log x]$는 $\log x$의 정수 부분을 뜻하고,

$\log x = ($정수 부분$) + ($소수 부분$)$이므로

$\log x - [\log x]$는 $\log x$의 소수 부분을 뜻한다.

따라서 임의의 정수 n에 대하여

① $[n + x] = n + [x]$

② $n \leq x < n+1$이면 $[x] = n$　　　　**달** ②

06

$\log 50 = 1 + \log 5$이므로 $\log 50$의 소수 부분은 $\log 5$이다.

$\log n$과 $\log 50$의 소수 부분이 같고, n은 자연수이므로

$\log n = k + \log 5$ (k는 음이 아닌 정수)로 놓을 수 있다.

이때, $\log n = \log (5 \times 10^k)$이므로

$n = 5 \times 10^k = 5(2^k \times 5^k) = 2^k \times 5^{k+1}$

n의 양의 약수의 개수가 2019 이하이므로

$(k+1)(k+2) \leq 2019$

따라서 이 부등식을 만족시키는 음이 아닌 정수 k는

$0, 1, 2, \cdots, 43$이므로 구하는 모든 자연수 n의 개수는 44이다.　　　　**달** 44

07

조건 ㈎에서 $f(x)$는 정수이므로 $3g(x)$의 값도 정수이다.

즉, $0 \leq g(x) < 1$에서 $0 \leq 3g(x) < 3$이므로

$3g(x) = 0, 1, 2$　　$\therefore g(x) = 0, \dfrac{1}{3}, \dfrac{2}{3}$

(i) $g(x) = 0$일 때,

$\log x = f(x)$이고 $\log x^2 = 2\log x = 2f(x)$에서

$f(x^2) = 2f(x)$

이때, 조건 ㈏에 의하여

$f(x) + f(x^2) = f(x) + 2f(x) = 3f(x) = 6$

$f(x) = 2$이므로 $\log x = 2$

$\therefore x = 10^2$

(ii) $g(x)=\dfrac{1}{3}$일 때,

$\log x = f(x) + \dfrac{1}{3}$이고 $\log x^2 = 2\log x = 2f(x) + \dfrac{2}{3}$에서

$f(x^2) = 2f(x)$

이때, 조건 (내)에 의하여

$$f(x) + f(x^2) = f(x) + 2f(x)$$
$$= 3f(x) = 6$$

$f(x) = 2$이므로 $\log x = 2 + \dfrac{1}{3} = \dfrac{7}{3}$

$\therefore x = 10^{\frac{7}{3}}$

(iii) $g(x)=\dfrac{2}{3}$일 때,

$\log x = f(x) + \dfrac{2}{3}$이고

$\log x^2 = 2\log x = 2f(x) + \dfrac{4}{3} = \{2f(x)+1\} + \dfrac{1}{3}$에서

$f(x^2) = 2f(x) + 1$

이때, 조건 (내)에 의하여

$$f(x) + f(x^2) = f(x) + 2f(x) + 1$$
$$= 3f(x) + 1 = 6$$

$\therefore f(x) = \dfrac{5}{3}$

그런데 이는 $f(x)$가 정수라는 조건에 모순이다.

(i)~(iii)에서 구하는 모든 x의 값의 곱은

$10^2 \times 10^{\frac{7}{3}} = 10^{\frac{13}{3}}$　　　　　　　　　　目 ②

08

$\log_3(\log_2 x) = 2$에서 $\log_2 x = 3^2 = 9$

$\therefore x = 2^9 = 512$

$\left(\dfrac{1}{\sqrt[8]{2}}\right)^x = (2^{-\frac{1}{8}})^{512} = 2^{-64}$이므로 2^{-64}에 상용로그를 취하면

$$\log 2^{-64} = -64\log 2$$
$$= -19.264$$
$$= (-20) + 0.736$$

$\log 2^{-64}$의 정수 부분이 -20이므로 2^{-64}은 소수점 아래 20째 자리에서 처음으로 0이 아닌 숫자가 나타난다.

$\therefore n = 20$

또한 $\log 2^{-64}$의 소수 부분이 0.736이고

$\log 5 = 1 - \log 2 = 0.6990$

$\log 6 = \log 2 + \log 3 = 0.7781$

이므로 $\log 5 = 0.6990 < 0.736 < 0.7781 = \log 6$에서

$0.736 = \log 5.\square$로 놓을 수 있다.

$$\log 2^{-64} = (-20) + 0.736$$
$$= \log 10^{-20} + \log 5.\square$$
$$= \log(5.\square \times 10^{-20})$$

$\therefore 2^{-64} = 5.\square \times 10^{-20}$

즉, 2^{-64}은 소수점 아래 20째 자리에서 처음으로 0이 아닌 숫자 5가 나타나므로 $a = 5$이다.

따라서 $n = 20$, $a = 5$이므로

$n + a = 25$　　　　　　　　　　　　　　　目 25

09

$h = k\log\dfrac{A_0}{A_h}$에서 $A_0 = 1$이므로 $h = -k\log A_h$

$100 = -k\log A_{100}$, $5000 = -k\log A_{5000}$

$$\therefore \log A_{5000} = 50\log A_{100}$$
$$= 50\log 0.8$$
$$= 50 \times (3\log 2 - 1)$$
$$= 50 \times (3 \times 0.3010 - 1)$$
$$= -4.85 = -5 + 0.15$$

이때, $\log 1.414 = 0.1500$이므로

$\log A_{5000} = \log 10^{-5} + \log 1.414 = \log(10^{-5} \times 1.414)$

$\therefore A_{5000} = 0.00001414$

따라서 해수면으로부터 높이가 $5000\ \mathrm{m}$인 곳의 공기의 밀도는 0.00001414이다.　　　　　　　　　　目 ①

심화 유형 도전하기　　　　　本文 14 ~ 15쪽

01 67　**02** 102　**03** 33　**04** ⑤　**05** ④　**06** ④

01

조건 (개)의 $\log a = 2 + g(b)$에서 $0 \le g(b) < 1$이므로 $\log a$의 소수 부분은 $g(b)$이고, $\log b = 1 + g(a)$에서 $0 \le g(a) < 1$이므로 $\log b$의 소수 부분은 $g(a)$이다.

$\therefore g(a) = g(b)$

$\log a = 2 + g(a)$, $\log b = 1 + g(a)$이므로

$\log ab = \log a + \log b = 3 + 2g(a)$

조건 (내)에서 ab는 다섯 자리의 자연수이므로 $\log ab$의 정수 부분은 4이어야 한다.

$\therefore \log ab = 4 + 2g(a) - 1$

즉, $\log ab$의 소수 부분이 $2g(a) - 1$이므로 $0 \le 2g(a) - 1 < 1$

$\therefore \dfrac{1}{2} \le g(a) < 1$

$\log b = 1 + g(a)$에서 $1 + \dfrac{1}{2} \le \log b < 1 + 1$, $\dfrac{3}{2} \le \log b < 2$

$3 \le \log b^2 < 4$이므로 $10^3 \le b^2 < 10^4$

$\therefore 10\sqrt{10} \le b < 100$

$31^2 < 10^3 < 32^2$이고 $31 < 10\sqrt{10} < 32$이므로 $31 < b < 100$

$\therefore 32 \le b \le 99$

따라서 b의 최댓값은 99, 최솟값은 32이므로

$M - m = 99 - 32 = 67$

/ 다른 풀이 /

$\log a = 2 + g(a)$, $\log b = 1 + g(a)$이므로

$\log a - \log b = 1$, $\log\dfrac{a}{b} = 1$

$\therefore \dfrac{a}{b} = 10$, $a = 10b$　　　　　　　　　…… ㉠

ab가 다섯 자리의 자연수이므로 $4 \le \log ab < 5$

$10^4 \le ab < 10^5$이고 ㉠에 의하여

$10^4 \le 10b^2 < 10^5$, $10^3 \le b^2 < 10^4$

$\therefore 10\sqrt{10} \le b < 100$　　　　　　　　　　目 67

02

$n \log 2 = \log 2^n$에서 2^n의 자릿수와 2^{n+1}의 자릿수가 서로 다르면 $g(n)$의 값이 1이 되고, 그렇지 않으면 $g(n)$의 값은 0이다. 즉,

$2^1 = 2$, $2^2 = 4$이므로 $g(1) = 0$

$2^2 = 4$, $2^3 = 8$이므로 $g(2) = 0$

$2^3 = 8$, $2^4 = 16$에서 자릿수가 달라지므로 $g(3) = 1$

$2^4 = 16$, $2^5 = 32$이므로 $g(4) = 0$

$2^5 = 32$, $2^6 = 64$이므로 $g(5) = 0$

$2^6 = 64$, $2^7 = 128$에서 자릿수가 달라지므로 $g(6) = 1$

$\vdots$

이때, 2^1은 한 자리의 수이므로 2^{n+1}이 11자리의 수이어야만 2^1, 2^2, 2^3, $\cdots$, 2^{n+1}에서 자릿수가 10번 달라지고, 등식 $g(1) + g(2) + g(3) + \cdots + g(n) = 10$이 성립하게 된다.

2^{n+1}이 11자리의 수이려면

$10 \leq \log 2^{n+1} < 11$, $10 \leq (n+1) \log 2 < 11$

$\dfrac{10}{\log 2} \leq n+1 < \dfrac{11}{\log 2}$

$\dfrac{10}{0.3010} \leq n+1 < \dfrac{11}{0.3010}$

$33.2 \cdots \leq n+1 < 36.5 \cdots$

$\therefore 32.2 \cdots \leq n < 35.5 \cdots$

따라서 자연수 n은 33, 34, 35이므로 구하는 합은

$33 + 34 + 35 = 102$　　　　　　　　　　　**答** 102

03

$[\log kx] = [\log x] + 1$에서 kx의 정수 부분이 x의 정수 부분보다 한 자릿수가 더 많음을 알 수 있다.

이때, x가 세 자리의 자연수이므로 kx는 네 자리의 자연수이고, 이를 만족시키는 자연수 k의 최솟값이 6이어야 하므로

$[\log 5x] = 2$, $[\log 6x] = 3$

즉, $[\log 5x] = 2$에서 $2 \leq \log 5x < 3$

$\log 10^2 \leq \log 5x < \log 10^3$이므로 $10^2 \leq 5x < 10^3$

$\therefore 20 \leq x < 200$　　　　　　　　　　$\cdots\cdots$ ㉠

$[\log 6x] = 3$에서 $3 \leq \log 6x < 4$

$\log 10^3 \leq \log 6x < \log 10^4$이므로 $10^3 \leq 6x < 10^4$

$\therefore \dfrac{500}{3} \leq x < \dfrac{5000}{3}$　　　　　　$\cdots\cdots$ ㉡

㉠, ㉡에서 $\dfrac{500}{3} \leq x < 200$

따라서 세 자리의 자연수 x의 개수는 167, 168, 169, $\cdots$, 199의 33이다.　　　　　　　　　　　　　　　**答** 33

04

ㄱ. $f(10) = [\log 10M] = [1 + \log M]$
　　　$= 1 + [\log M] = 1 + f(1)$ (참)

ㄴ. M이 네 자리의 자연수이므로 $[\log M] = 3$

　　$[\log M] \leq [\log 2M] \leq \cdots \leq [\log 10M]$이고

　　$[\log 10M] = 1 + [\log M] = 4$이므로

　　$[\log 2M] = [\log 3M] = \cdots = [\log 9M] = 4$일 때

$f(1) + f(2) + f(3) + \cdots + f(10)$은 최대이고, 최댓값은

$3 + 4 \times 9 = 39$

$[\log 2M] = [\log 3M] = \cdots = [\log 9M] = 3$일 때

$f(1) + f(2) + f(3) + \cdots + f(10)$은 최소이고, 최솟값은

$3 \times 9 + 4 = 31$

따라서 $f(1) + f(2) + f(3) + \cdots + f(10)$의 최댓값과 최솟값의 합은

$39 + 31 = 70$ (참)

ㄷ. $k = 2, 3, 4, \cdots, 9$일 때, $[\log kM]$은 3 또는 4이므로 $[\log kM] = 3$을 만족시키는 k의 개수를 n이라 하면 $[\log kM] = 4$를 만족시키는 k의 개수는 $8 - n$이다.

　$\therefore f(1) + f(2) + f(3) + \cdots + f(10)$
　　$= 3 + 3n + 4(8-n) + 4$
　　$= 39 - n$

이때, $39 - n = 37$이어야 하므로 $n = 2$

즉, $[\log 2M] = [\log 3M] = 3$이고

$[\log 4M] = [\log 5M] = \cdots = [\log 9M] = 4$이므로

$[\log 2M] = [\log 3M] = 3$에서

$10^3 \leq 2M < 10^4$, $10^3 \leq 3M < 10^4$

$\therefore \dfrac{10^3}{2} \leq M < \dfrac{10^4}{3}$　　　　　　$\cdots\cdots$ ㉠

$[\log 4M] = [\log 5M] = \cdots = [\log 9M] = 4$에서

$10^4 \leq 4M < 10^5$, $10^4 \leq 5M < 10^5$, $\cdots$, $10^4 \leq 9M < 10^5$

$\therefore \dfrac{10^4}{4} \leq M < \dfrac{10^5}{9}$　　　　　　$\cdots\cdots$ ㉡

㉠, ㉡에서 $\dfrac{10^4}{4} \leq M < \dfrac{10^4}{3}$

$\therefore 2500 \leq M < 3333.3 \cdots$

따라서 $2500 \leq M \leq 3333$이므로 자연수 M의 개수는

$3333 - 2500 + 1 = 834$ (참)

따라서 ㄱ, ㄴ, ㄷ 모두 옳다.　　　　　　　**答** ⑤

05

잠수함이 1000 m 깊이까지 잠수하는 데 소요되는 시간을 t_1분, 4000 m 깊이까지 잠수하는 데 소요되는 시간을 t_2분이라 하면

$t_1 = k \log \dfrac{9000}{8000} = k \log \dfrac{9}{8}$

$t_2 = k \log \dfrac{9000}{5000} = k \log \dfrac{9}{5}$

$t_2 - t_1 = k \log \dfrac{9}{5} - k \log \dfrac{9}{8}$

　　　　$= k \log \left(\dfrac{9}{5} \times \dfrac{8}{9} \right) = k \log \dfrac{16}{10}$

　　　　$= k(4 \log 2 - 1)$

　　　　$= 0.2k$

이때, 잠수함이 1000 m 깊이부터 4000 m 깊이까지 잠수하는 데 소요된 시간이 40초이므로

$0.2k = \dfrac{40}{60}$에서 $k = \dfrac{10}{3}$

$\therefore t = \dfrac{10}{3} \log \dfrac{9000}{9000 - h}$

따라서 이 잠수함이 잠수를 시작한 후부터 6000 m 깊이까지 잠수하는 데 소요되는 시간은

$$\frac{10}{3}\log\frac{9000}{3000}=\frac{10}{3}\log 3=1.6\ (\text{분})$$

즉, 1분 36초이다.   **답 ④**

06

$m_1 : m_2 = 1 : 3$에서 $m_2 = 3m_1$

$x_1 : x_2 = 2 : 5$에서 $x_2 = \dfrac{5}{2}x_1$

흡착제 A, B를 이용했을 때의 흡착이 일어난 후 흡착 물질의 농도를 각각 C_1, C_2라 하면

$$\log\frac{x_1}{m_1}=\log k+\frac{1}{n}\log C_1 \qquad \cdots\cdots \text{㉠}$$

$$\log\frac{x_2}{m_2}=\log k+\frac{1}{n}\log C_2 \qquad \cdots\cdots \text{㉡}$$

㉠$-$㉡을 하면

$$\log\frac{x_1}{m_1}-\log\frac{x_2}{m_2}=\frac{1}{n}(\log C_1-\log C_2)$$

$$\log\left(\frac{x_1}{m_1}\times\frac{m_2}{x_2}\right)=\frac{1}{n}\log\frac{C_1}{C_2},\ \log\left(\frac{x_1}{m_1}\times\frac{3m_1}{\frac{5}{2}x_1}\right)=\frac{1}{n}\log\frac{C_1}{C_2}$$

$$\log\frac{6}{5}=\log\left(\frac{C_1}{C_2}\right)^{\frac{1}{n}}$$

즉, $\dfrac{6}{5}=\left(\dfrac{C_1}{C_2}\right)^{\frac{1}{n}}$에서 $\dfrac{C_1}{C_2}=\left(\dfrac{6}{5}\right)^{n}$ $\therefore C_1=\left(\dfrac{6}{5}\right)^{n}C_2$

따라서 C_1은 C_2의 $\left(\dfrac{6}{5}\right)^{n}$배이다.   **답 ④**

---

03 지수함수

개념 & 대표 유형 짚어보기   본문 16~17쪽

01 ④   **02** ③   **03** ③   **04** 26   **05** ③   **06** 2

07 25   **08** ④   **09** 204

01

$y=3\times 2^x+2$에서 $y=2^{x+\log_2 3}+2$

$y=\dfrac{1}{3}\times 2^x-2$에서 $y=2^{x-\log_2 3}-2$

함수 $y=2^{x-\log_2 3}-2$의 그래프는 함수 $y=2^{x+\log_2 3}+2$의 그래프를 x축의 방향으로 $2\log_2 3$만큼, y축의 방향으로 -4만큼 평행이동시킨 것이다.

즉, 함수 $y=\dfrac{1}{3}\times 2^x-2$의 그래프는 함수 $y=3\times 2^x+2$의 그래프를 x축의 방향으로 $2\log_2 3$만큼, y축의 방향으로 -4만큼 평행이동시킨 것이다.

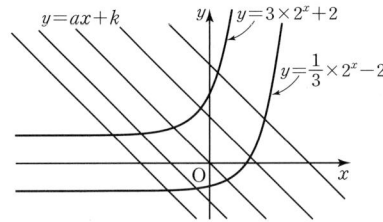

주어진 조건을 만족시키려면 함수 $y=ax+k$에서 x의 값이 $2\log_2 3$만큼 증가할 때 y의 값이 4만큼 감소해야 하므로

$$a=\frac{-4}{2\log_2 3}=-2\log_3 2$$ **답 ④**

02

$\overline{AH_1}:\overline{BH_1}=3:1$에서 $\overline{AH_1}=3\overline{BH_1}$이므로

$a^m+a^{-m}=3(a^m-a^{-m})$

$2a^m=4a^{-m},\ a^{2m}=2$

$$\therefore a^m=2^{\frac{1}{2}} \qquad \cdots\cdots \text{㉠}$$

또한 $\overline{CH_2}:\overline{DH_2}=2:1$에서 $\overline{CH_2}=2\overline{DH_2}$이므로

$a^n+a^{-n}=2(a^n-a^{-n})$

$a^n=3a^{-n},\ a^{2n}=3$

$$\therefore a^n=3^{\frac{1}{2}} \qquad \cdots\cdots \text{㉡}$$

㉠, ㉡에서 $a^m\times a^n=2^{\frac{1}{2}}\times 3^{\frac{1}{2}}$

$$\therefore a^{m+n}=6^{\frac{1}{2}}$$

즉, $g(m+n)=a^{m+n}-a^{-(m+n)}=6^{\frac{1}{2}}-6^{-\frac{1}{2}}$

$f(m+n)=a^{m+n}+a^{-(m+n)}=6^{\frac{1}{2}}+6^{-\frac{1}{2}}$

$$\begin{aligned}\therefore \frac{g(m+n)}{f(m+n)}&=\frac{6^{\frac{1}{2}}-6^{-\frac{1}{2}}}{6^{\frac{1}{2}}+6^{-\frac{1}{2}}}\\&=\frac{\left(6^{\frac{1}{2}}-6^{-\frac{1}{2}}\right)\times 6^{\frac{1}{2}}}{\left(6^{\frac{1}{2}}+6^{-\frac{1}{2}}\right)\times 6^{\frac{1}{2}}}\\&=\frac{6-1}{6+1}=\frac{5}{7}\end{aligned}$$ **답 ③**

03

$$(\sqrt{2})^{\alpha}=k(\alpha+4) \quad\cdots\cdots\ \text{㉠}$$
$$(\sqrt{2})^{\beta}=k(\beta+4) \quad\cdots\cdots\ \text{㉡}$$

㉠, ㉡을 변끼리 나누면

$$(\sqrt{2})^{\alpha-\beta}=\frac{\alpha+4}{\beta+4}$$

이때, $\beta-\alpha=4$이므로

$$(\sqrt{2})^{-4}=\frac{\alpha+4}{\alpha+8},\ \frac{1}{4}=\frac{\alpha+4}{\alpha+8},\ 4(\alpha+4)=\alpha+8$$

$$\therefore \alpha=-\frac{8}{3},\ \beta=\alpha+4=\frac{4}{3}$$

㉡에서 $(\sqrt{2})^{\frac{4}{3}}=k\left(\frac{4}{3}+4\right),\ \sqrt[3]{4}=\frac{16}{3}k$

$$\therefore k=\frac{3\sqrt[3]{4}}{16} \qquad\qquad\qquad\text{달 ③}$$

04

$x=0$이면 $g(0)=3^0=1$

$x\le0$일 때, $0<g(x)\le1$이므로 $f(g(x))=0$

$0<x\le\log_3 2$일 때, $1<g(x)\le2$이므로 $f(g(x))=1$

$\log_3 2<x\le1$일 때, $2<g(x)\le3$이므로 $f(g(x))=2$

$1<x\le\log_3 4$일 때, $3<g(x)\le4$이므로 $f(g(x))=3$
$\vdots$

함수 $y=f(g(x))$의 그래프는 오른쪽 그림과 같으므로 함수 $y=f(g(x))$의 그래프와 직선 $y=mx$의 교점의 개수가 3이 되려면 직선 $y=mx$의 기울기가 원점과 점 $(\log_3 4,\ 3)$을 지나는 직선의 기울기보다 작고, 원점과 점 $(1,\ 2)$를 지나는 직선의 기울기보다 크거나 같아야 한다.

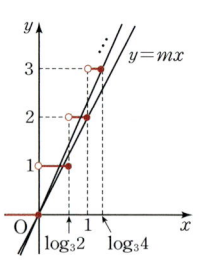

즉, $2\le m<\dfrac{3}{\log_3 4}$에서 $\log_4 16\le m<\log_4 27$

따라서 $16\le4^m<27$이므로 자연수 4^m의 최댓값은 26이다. 　　달 26

05

$2^x=1$에서 $x=0$이므로 $\mathrm{A}(0,\ 1)$

$-2^x+a=1$에서 $x=\log_2(a-1)$이므로
$\mathrm{B}(\log_2(a-1),\ 1)$

또한 $2^x=-2^x+a$에서 $x=\log_2\dfrac{a}{2}$이므로

$\mathrm{C}\left(\log_2\dfrac{a}{2},\ \dfrac{a}{2}\right)$

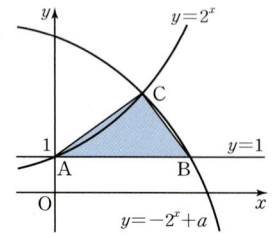

이때, 삼각형 ABC의 넓이가 $\dfrac{21}{4}$이어야 하므로

$$\frac{1}{2}\times\{\log_2(a-1)\}\times\left(\frac{a}{2}-1\right)=\frac{21}{4}$$

$$(a-2)\log_2(a-1)=21$$

$$\therefore \log_2(a-1)=\frac{21}{a-2}\ (\because a>2)$$

a가 자연수이므로 $a-1$은 2의 거듭제곱이고 $a-2$는 21의 약수이다.

$$\therefore a=9 \qquad\qquad\qquad\text{달 ③}$$

06

$$y=(a^x-2)^2+(a^{-x}-2)^2$$
$$=a^{2x}+a^{-2x}-4(a^x+a^{-x})+8$$
$$=(a^x+a^{-x})^2-4(a^x+a^{-x})+6$$

$a^x+a^{-x}=t$로 놓으면

$a^x>0,\ a^{-x}>0$이므로 산술평균과 기하평균의 관계에 의하여

$t\ge2\sqrt{a^x a^{-x}}=2$ (단, 등호는 $a^x=a^{-x}$일 때 성립한다.)

$y=t^2-4t+6=(t-2)^2+2$

따라서 $t\ge2$이므로 $t=2$일 때 최솟값은 2이다.　　달 2

07

주어진 함수의 우변의 분모와 분자를 2^x으로 나누면

$$y=\frac{1-\left(\frac{3}{2}\right)^x}{1+\left(\frac{3}{2}\right)^x}$$

이때, $\left(\dfrac{3}{2}\right)^x=t\ (t>0)$로 놓으면 $-3\le x\le2$이므로 $\dfrac{8}{27}\le t\le\dfrac{9}{4}$

$$y=\frac{1-t}{1+t}=-1+\frac{2}{1+t}$$

오른쪽 그림에서 $t=\dfrac{9}{4}$일 때 최솟값

$-\dfrac{5}{13}$를 가지므로

$$m=-\frac{5}{13}$$

$$\therefore 169m^2=169\times\left(-\frac{5}{13}\right)^2=25 \qquad\text{달 25}$$

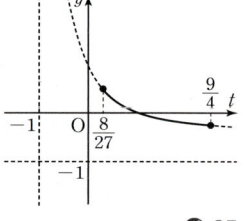

08

$f(p)=2^p,\ g(q)=2^{16-q}$이므로

$$\overline{\mathrm{AB}}=\sqrt{(q-p)^2+(2^{16-q}-2^p)^2} \quad\cdots\cdots\ \text{㉠}$$

직선 AB의 기울기가 1이므로 $\dfrac{2^{16-q}-2^p}{q-p}=1$

$$\therefore 2^{16-q}-2^p=q-p \quad\cdots\cdots\ \text{㉡}$$

㉡을 ㉠에 대입하면

$$\overline{\mathrm{AB}}=\sqrt{(q-p)^2+(q-p)^2}=(q-p)\sqrt{2}\ (\because p<q)$$

$\overline{\mathrm{AB}}=16\sqrt{2}$에서 $q-p=16$이므로 $16-q=-p$

㉡에서 $2^p-2^{-p}=-16$

$2^p=t\ (t>0)$로 놓으면 $t-\dfrac{1}{t}=-16$에서 $t^2+16t-1=0$

$$\therefore t=-8\pm\sqrt{65}$$

그런데 $t>0$이므로 $t=2^p=-8+\sqrt{65}$　　　　달 ④

09

주어진 방정식의 양변에 2^x을 곱하면

$(2^x)^2+(a-10)2^x+34-5a=0$

$2^x=t$ $(t>0)$로 놓으면 $t^2+(a-10)t+34-5a=0$ ...... ㉠

$t>0$이므로 t에 대한 방정식 ㉠은 0보다 큰 서로 다른 두 실근을 가져야 한다.

(i) 방정식 ㉠의 서로 다른 두 실근이 존재하기 위한 조건

방정식 ㉠의 판별식을 D라 하면

$D=(a-10)^2-4(34-5a)>0$에서

$a^2-20a+100-136+20a>0$

$a^2-36>0$, $(a+6)(a-6)>0$

∴ $a>6$ $(∵a>0)$

(ii) 방정식 ㉠의 근이 모두 0보다 클 조건

(두 근의 합)$=10-a>0$이므로 $a<10$ ...... ㉡

(두 근의 곱)$=34-5a>0$이므로 $a<\dfrac{34}{5}$ ...... ㉢

㉡, ㉢에서 $a<\dfrac{34}{5}$

(i), (ii)에서 $6<a<\dfrac{34}{5}$이므로

$m=6$, $n=\dfrac{34}{5}$

∴ $5mn=5×6×\dfrac{34}{5}=204$　　　　　　　　　　**답** 204

| 심화 유형 도전하기 | 본문 18 ~ 19쪽 |

01 ③　　**02** 260　　**03** 14　　**04** ③　　**05** ①　　**06** ②

01

세 곡선 $y=f(x)$, $y=g(x)$, $y=h(x)$와 직선 $y=n$의 교점은 $A_n(\log_{15}n,\ n)$, $B_n(\log_5 n,\ n)$, $C_n(\log_3 n,\ n)$이므로

$\overline{A_nB_n}=\log_5 n-\log_{15}n=\dfrac{\log n}{\log 5}-\dfrac{\log n}{\log 15}$

$=\dfrac{\log n(\log 15-\log 5)}{\log 5×\log 15}=\dfrac{\log n×\log 3}{\log 5×\log 15}$

$\overline{A_nC_n}=\log_3 n-\log_{15}n=\dfrac{\log n}{\log 3}-\dfrac{\log n}{\log 15}$

$=\dfrac{\log n(\log 15-\log 3)}{\log 3×\log 15}=\dfrac{\log n×\log 5}{\log 3×\log 15}$

∴ $k(n)=\dfrac{\overline{A_nB_n}}{\overline{A_nC_n}}=\dfrac{\dfrac{\log n×\log 3}{\log 5×\log 15}}{\dfrac{\log n×\log 5}{\log 3×\log 15}}=\left(\dfrac{\log 3}{\log 5}\right)^2=(\log_5 3)^2$

∴ $k(2)+k(3)+\cdots+k(17)$

$=16×(\log_5 3)^2=(4\log_5 3)^2=(\log_5 3^4)^2$

$=(\log_5 81)^2$　　　　　　　　　　**답** ③

02

함수 $y=2^{x-n}$의 그래프와 함수 $y=-4^{-x}+10$의 그래프로 둘러싸인 도형은 다음 그림의 색칠한 부분과 같다.

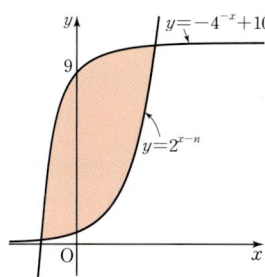

$0<-4^{-x}+10<10$에서 $x=-2$이면 부등식이 성립하지 않으므로 조건을 만족시키는 점이 존재하지 않고, $x=-1$이면 $y=1$, 2, 3, 4, 5인 다섯 개의 점이 조건을 만족시킨다.

$x=-1$일 때, $2^{-(n+1)}=\left(\dfrac{1}{2}\right)^{n+1}<1$이므로 이 다섯 개의 점은 n의 값에 관계없이 항상 포함되는 점이다.

(i) $n=1$일 때

$x≥0$에서 구하는 점의 개수는 $x=0$, 1, 2, 3, 4일 때

$8+8+7+5+1=29$이므로

$f(1)=29+5=34$

(ii) $n=2$일 때

$x≥0$에서 구하는 점의 개수는 $x=0$, 1, 2, 3, 4, 5일 때

$8+9+8+7+5+1=38$이므로

$f(2)=38+5=43$

$\vdots$

따라서 같은 방법으로 $f(3)=52$, $f(4)=61$, $f(5)=70$이므로

$f(1)+f(2)+f(3)+f(4)+f(5)$

$=34+43+52+61+70=260$　　　　　　　**답** 260

03

두 함수 $y=2^{x+1}$, $y=16\left(\dfrac{1}{2}\right)^x-4$의 그래프는 다음 그림과 같다.

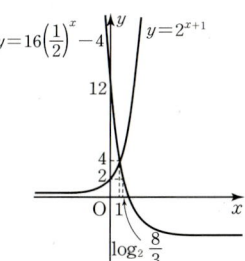

$2^{x+1}=16\left(\dfrac{1}{2}\right)^x-4$에서 $2^x=t$ $(t>0)$로 놓으면

$2t=\dfrac{16}{t}-4$, $t=\dfrac{8}{t}-2$, $t^2+2t-8=0$, $(t+4)(t-2)=0$

$t>0$이므로 $t=2$

즉, $2^x=2$에서 $x=1$

따라서 교점의 x좌표는 1이다.

(ⅰ) $a \leq 1$이면 $f(a) \geq f(1)$이다.

(ⅱ) $1 < a < \log_2 \dfrac{8}{3}$이면 다음 그림에서 $f(0) < f(a) < f(1)$이다.

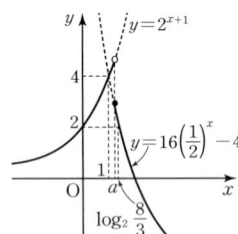

(ⅲ) $a = \log_2 \dfrac{8}{3}$이면 $f(0) = f(a)$이다.

(ⅳ) $a > \log_2 \dfrac{8}{3}$이면 $f(a) < f(0) < f(1)$이다.

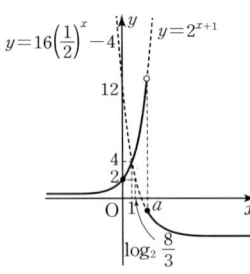

(ⅰ)~(ⅳ)에서 $f(0) < f(a) < f(1)$이기 위한 실수 a의 값의 범위는

$1 < a < \log_2 \dfrac{8}{3}$ $\therefore \log_2 2 < a < \log_2 \dfrac{8}{3}$

따라서 $p = 2$, $q = \dfrac{8}{3}$이므로 $3(p+q) = 14$ 🔑 14

04

$f\left(\dfrac{1}{a}\right)f\left(\dfrac{1}{b}\right)f\left(\dfrac{1}{c}\right) = 2^{\frac{1}{a}} 2^{\frac{1}{b}} 2^{\frac{1}{c}} = 2^{\frac{1}{a}+\frac{1}{b}+\frac{1}{c}}$이고

$\sqrt[6]{32} = 2^{\frac{5}{6}}$이므로 $2^{\frac{1}{a}+\frac{1}{b}+\frac{1}{c}} = 2^{\frac{5}{6}}$

$\therefore \dfrac{1}{a} + \dfrac{1}{b} + \dfrac{1}{c} = \dfrac{5}{6}$

$a \leq b \leq c$라 하면

$\dfrac{1}{a} + \dfrac{1}{b} + \dfrac{1}{c} \leq \dfrac{1}{a} + \dfrac{1}{a} + \dfrac{1}{a} = \dfrac{3}{a}$이고

$\dfrac{5}{6} \leq \dfrac{3}{a}$이므로 $a \leq \dfrac{18}{5}$

$\therefore a = 1$ 또는 $a = 2$ 또는 $a = 3$

그런데 $a = 1$이면 $\dfrac{1}{a} + \dfrac{1}{b} + \dfrac{1}{c} = \dfrac{5}{6}$라는 조건에 모순이므로 $a = 2$ 또는 $a = 3$

(ⅰ) $a = 2$일 때

$\dfrac{1}{2} + \dfrac{1}{b} + \dfrac{1}{c} = \dfrac{5}{6}$에서 $\dfrac{1}{b} + \dfrac{1}{c} = \dfrac{1}{3}$

$\therefore b = 4$, $c = 12$ 또는 $b = c = 6$

(ⅱ) $a = 3$일 때

$\dfrac{1}{3} + \dfrac{1}{b} + \dfrac{1}{c} = \dfrac{5}{6}$에서 $\dfrac{1}{b} + \dfrac{1}{c} = \dfrac{1}{2}$

$\therefore b = 3$, $c = 6$ 또는 $b = c = 4$

(ⅰ), (ⅱ)에서 abc의 최댓값은 $a = 2$, $b = 4$, $c = 12$일 때

$2 \times 4 \times 12 = 96$ 🔑 ③

05

$g(k) = a$라 하면 $f(a) = k$이므로

$\dfrac{2^a - 2^{-a}}{2} = k$ ······ ㉠

$g\left(\dfrac{7}{2}k\right) = b$라 하면 $f(b) = \dfrac{7}{2}k$이므로

$\dfrac{2^b - 2^{-b}}{2} = \dfrac{7}{2}k$ ······ ㉡

㉠, ㉡에서

$\dfrac{2^b - 2^{-b}}{2} = \dfrac{7}{2} \times \dfrac{2^a - 2^{-a}}{2}$ ······ ㉢

그런데 $g\left(\dfrac{7}{2}k\right) = 3g(k)$에서

$b = 3a$ ······ ㉣

㉢, ㉣에서

$\dfrac{2^{3a} - 2^{-3a}}{2} = \dfrac{7}{2} \times \dfrac{2^a - 2^{-a}}{2}$

$\dfrac{(2^a - 2^{-a})(4^a + 1 + 4^{-a})}{2} = \dfrac{7}{2} \times \dfrac{2^a - 2^{-a}}{2}$

㉠에서 $a > 0$이면 $2^a - 2^{-a} > 0$이므로

$\dfrac{4^a + 1 + 4^{-a}}{2} = \dfrac{7}{4}$, $4^a + 1 + 4^{-a} = \dfrac{7}{2}$, $4^a - \dfrac{5}{2} + 4^{-a} = 0$

$4^a = t$ $(t > 0)$로 놓으면

$t - \dfrac{5}{2} + \dfrac{1}{t} = 0$, $2t^2 - 5t + 2 = 0$

$(2t - 1)(t - 2) = 0$

$\therefore t = \dfrac{1}{2}$ 또는 $t = 2$

즉, $4^a = \dfrac{1}{2}$ 또는 $4^a = 2$

그런데 $2^a - 2^{-a} > 0$에서 $2^a > 2^{-a}$이므로 $4^a > 4^{-a} > 0$

$\therefore 4^a = 2$, $4^{-a} = \dfrac{1}{2}$

$\therefore k = \dfrac{2^a - 2^{-a}}{2} = \dfrac{\sqrt{2} - \dfrac{1}{\sqrt{2}}}{2} = \dfrac{2 - 1}{2\sqrt{2}} = \dfrac{\sqrt{2}}{4}$ 🔑 ①

06

점 B의 y좌표가 16이므로

$2^x = 16$에서 $x = 4$

따라서 점 B의 좌표는 $(4, 16)$이다.

두 점 B, C를 지나는 직선과 x축과의 교점을 G라 하면 삼각형 ABC와 삼각형 DGC는 닮음이고 각 변의 길이의 비가 $6 : 10$, 즉 $3 : 5$이므로

$\overline{DG} = \dfrac{5}{3}\overline{AB} = \dfrac{5}{3} \times 3 = 5$

또한 삼각형 BEC와 삼각형 BFG는 닮음이고 각 변의 길이의 비가 $6 : 16$, 즉 $3 : 8$이므로

$\overline{FG} = \dfrac{8}{3}\overline{EC} = \dfrac{8}{3} \times 5 = \dfrac{40}{3}$

$\therefore \overline{DF} = \overline{DG} + \overline{FG} = 5 + \dfrac{40}{3} = \dfrac{55}{3}$

/ 다른 풀이 /

곡선 $y=f(x)$ 위의 점 C의 x좌표는 $\log_2 10$이므로
A$(1, 16)$, B$(4, 16)$, C$(\log_2 10, 10)$, E$(\log_2 10-5, 10)$에 대하여

직선 AC의 방정식은 $y-16=\dfrac{10-16}{\log_2 10-1}(x-1)$

$y=0$을 대입하면 $-16=\dfrac{-6}{\log_2 10-1}(x-1)$에서

직선 AC와 y축의 교점의 x좌표는 $\dfrac{8}{3}(\log_2 10-1)+1$

직선 l의 방정식은 $y-16=\dfrac{10-16}{\log_2 10-5-4}(x-4)$

$y=0$을 대입하면 $-16=\dfrac{-6}{\log_2 10-9}(x-4)$

직선 l과 y축의 교점의 x좌표는 $\dfrac{8}{3}(\log_2 10-9)+4$

$\therefore \overline{DF}=\dfrac{8}{3}(\log_2 10-1)+1-\left\{\dfrac{8}{3}(\log_2 10-9)+4\right\}$

$\qquad =-\dfrac{8}{3}+1+24-4=\dfrac{55}{3}$ 답 ②

---

04 로그함수

개념 & 대표 유형 짚어보기   본문 20 ~ 21쪽

01 ③   **02** ③   **03** ③   **04** ④   **05** 7   **06** ①

07 ①   **08** ②   **09** ①

01

함수 $y=f(x)$의 그래프와 역함수 $y=g(x)$의 그래프는 직선 $y=x$에 대하여 대칭이며, 다음 그림과 같이 $y=f(x)$와 $y=g(x)$의 그래프의 교점은 $y=f(x)$의 그래프와 직선 $y=x$의 교점과 일치한다.

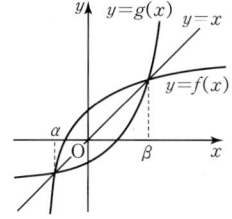

$\dfrac{1}{2}\log_2 (3x+a)=x$에서 $\log_2 (3x+a)=2x$

이때, α, β가 이 방정식의 두 근이므로
$\log_2 (3\alpha+a)=2\alpha$, $\log_2 (3\beta+a)=2\beta$
$3\alpha+a=2^{2\alpha}$ $\cdots\cdots$ ㉠, $3\beta+a=2^{2\beta}$ $\cdots\cdots$ ㉡
㉡−㉠을 하면
$3(\beta-\alpha)=2^{2\beta}-2^{2\alpha}$
$\beta-\alpha=2$이므로 $6=2^{2\beta}-2^{2\alpha}$
$\beta=\alpha+2$이므로 $6=2^{2(\alpha+2)}-2^{2\alpha}$
$6=16\times 2^{2\alpha}-2^{2\alpha}$, $6=15\times 2^{2\alpha}$
$\therefore 2^{2\alpha}=\dfrac{2}{5}$, $2^{2\beta}=2^{2\alpha}+6=\dfrac{2}{5}+6=\dfrac{32}{5}$
$\therefore 2^{\beta}-2^{\alpha}=\sqrt{\dfrac{32}{5}}-\sqrt{\dfrac{2}{5}}=4\sqrt{\dfrac{2}{5}}-\sqrt{\dfrac{2}{5}}=3\sqrt{\dfrac{2}{5}}=\dfrac{3\sqrt{10}}{5}$ 답 ③

02

ㄱ. $(f \circ f \circ f)(-2)=(f \circ f)(f(-2))=(f \circ f)(2^{-2})$
$\qquad\qquad\qquad\qquad =f\left(f\left(\dfrac{1}{4}\right)\right)=f\left(\dfrac{3}{4}\right)=\dfrac{1}{4}$

$\quad f(-2)=2^{-2}=\dfrac{1}{4}$

$\quad \therefore (f \circ f \circ f)(-2)=f(-2)$ (참)

ㄴ. 함수 $y=f(x)$의 그래프가 다음 그림과 같으므로 점 $\left(0, \dfrac{1}{2}\right)$을 지나는 직선과의 교점은 최대 5개이다. (참)

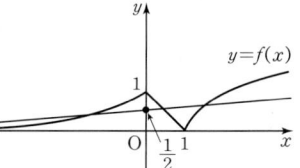

ㄷ. $x<0$일 때, $2^x=\dfrac{1}{2}$에서 $x=-1$

$\quad 0 \le x<1$일 때, $-x+1=\dfrac{1}{2}$에서 $x=\dfrac{1}{2}$

$x \geq 1$일 때, $\log_2 x = \dfrac{1}{2}$에서 $x = \sqrt{2}$

즉, 주어진 방정식의 모든 근의 곱은

$-1 \times \dfrac{1}{2} \times \sqrt{2} = -\dfrac{\sqrt{2}}{2}$ (거짓)

따라서 옳은 것은 ㄱ, ㄴ이다.　　　　　　　　　　　　　답 ③

03

함수 $y = \log_2 (x+1)$의 그래프는 함수 $y = \log_2 x$의 그래프를 x축의 방향으로 -1만큼 평행이동한 것이다.

함수 $y = \log_4 (x+4)$의 그래프는 함수 $y = \log_4 x$의 그래프를 x축의 방향으로 -4만큼 평행이동한 것이다.

함수 $y = -\log_2 x$의 그래프는 함수 $y = \log_2 x$의 그래프를 x축에 대하여 대칭이동한 것이다.

따라서 세 함수 $y = f(x)$, $y = g(x)$, $y = h(x)$의 그래프는 다음 그림과 같다.

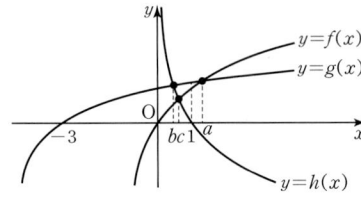

$f(1) = \log_2 2 = 1$, $g(1) = \log_4 5 > 1$이므로 $a > 1$
$b < c < 1$이므로 $b < c < a$　　　　　　　　　　　　답 ③

04

$y = |k + \log_2 x| = \begin{cases} -(k + \log_2 x) & (0 < x < 2^{-k}) \\ k + \log_2 x & (x \geq 2^{-k}) \end{cases}$

함수 $y = |k + \log_2 x|$, $y = 1 + \log_4 x$의 그래프의 두 교점의 x좌표를 α, β $(\alpha < \beta)$라 하면 다음 그림과 같다.

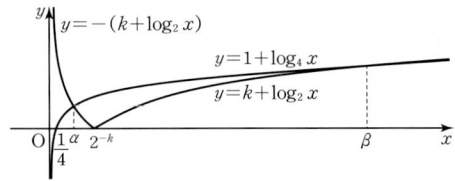

$-(k + \log_2 \alpha) = 1 + \log_4 \alpha$에서
$\log_4 \alpha^2 + \log_4 \alpha = -1 - k$, $\log_4 \alpha^3 = -1 - k$
$\therefore \alpha^3 = 4^{-1-k}$　　　　　　　　　　　　　　……… ㉠

$k + \log_2 \beta = 1 + \log_4 \beta$에서
$\log_4 \beta^2 - \log_4 \beta = 1 - k$, $\log_4 \beta = 1 - k$, $\beta = 4^{1-k}$
$\therefore \beta^3 = 4^{3(1-k)}$　　　　　　　　　　　　　　……… ㉡

㉠, ㉡에서
$\alpha^3 \beta^3 = 4^{(-1-k)+3(1-k)} = 4^{2-4k}$, $(\alpha\beta)^3 = 4^{2-4k}$

이때, $\alpha\beta = 32 = 2^5$이므로
$(2^5)^3 = 4^{2-4k}$, $2^{15} = 4^{2-4k}$, $15 = 4 - 8k$

$\therefore k = -\dfrac{11}{8}$　　　　　　　　　　　　　　　답 ④

05

기울기가 -1인 직선 l의 방정식을 $y = -x + k$ (k는 상수)라 하고, 두 점 A, B의 좌표를 각각 $(a, \log_2 32a)$, $(b, \log_2 b)$라 하면 두 점 A, B는 직선 $y = -x + k$ 위에 있으므로
$\log_2 32a = -a + k$, $\log_2 b = -b + k$
$\log_2 32a + a = \log_2 b + b$
$\therefore \log_2 b - \log_2 32a = a - b$

따라서 두 점 A, B 사이의 거리 $\overline{\mathrm{AB}}$는
$\begin{aligned} \overline{\mathrm{AB}} &= \sqrt{(b-a)^2 + (\log_2 b - \log_2 32a)^2} \\ &= \sqrt{(b-a)^2 + (a-b)^2} \\ &= \sqrt{2(b-a)^2} \end{aligned}$

즉, 정삼각형 ABC의 한 변의 길이가 $\sqrt{2(b-a)^2}$이고, 그 넓이가 $\dfrac{49\sqrt{3}}{2}$이므로

$\dfrac{\sqrt{3}}{4} \times 2(b-a)^2 = \dfrac{49\sqrt{3}}{2}$, $(b-a)^2 = 49$

$\therefore |b-a| = 7$

따라서 두 점 A, B의 x좌표의 차는 7이다.　　　　답 7

06

$\log x = t$라 하면 $(\log x)^2 - 5 \log x + 1 = 0$에서
$t^2 - 5t + 1 = 0$　　　　　　　　　　　　　　……… ㉠

이때, 이차방정식 ㉠의 두 근은 $\log \alpha$, $\log \beta$이므로
근과 계수의 관계에서
$\log \alpha + \log \beta = \log \alpha\beta = 5$　$\therefore \alpha\beta = 10^5$　……… ㉡
$\log \alpha \times \log \beta = 1$　　　　　　　　　　　……… ㉢

한편, 이차방정식 $t^2 - at + b = 0$의 두 근은 $\log \alpha^3$, $\log \beta^3$, 즉 $3\log\alpha$, $3\log\beta$이므로 근과 계수의 관계에서
$\begin{aligned} a &= 3\log\alpha + 3\log\beta = \log \alpha^3 \beta^3 \\ &= \log (\alpha\beta)^3 = \log 10^{15} = 15 \ (\because ㉡) \end{aligned}$
$b = 3\log\alpha \times 3\log\beta = 9\log\alpha \times \log\beta = 9 \ (\because ㉢)$
$\therefore a + b = 15 + 9 = 24$　　　　　　　　　　　답 ①

07

(i) $x > 0$일 때
　$\log_2 9x = \log_2 (x+2)$에서
　$9x = x + 2$　　$\therefore x = \dfrac{1}{4}$

　즉, B$\left(\dfrac{1}{4}, \log_2 \dfrac{9}{4}\right)$이고, 두 점 B, C의 y좌표가 같으므로

　$\log_2 (-9x) = \log_2 \dfrac{9}{4}$, $-9x = \dfrac{9}{4}$　　$\therefore x = -\dfrac{1}{4}$

　$\therefore$ C$\left(-\dfrac{1}{4}, \log_2 \dfrac{9}{4}\right)$

(ii) $-2 < x < 0$일 때
　$\log_2 (-9x) = \log_2 (x+2)$에서
　$-9x = x + 2$　　$\therefore x = -\dfrac{1}{5}$

　$\therefore$ A$\left(-\dfrac{1}{5}, \log_2 \dfrac{9}{5}\right)$

(i), (ii)에서

$\triangle ABC = \dfrac{1}{2} \times \dfrac{2}{4} \times \left(\log_2 \dfrac{9}{4} - \log_2 \dfrac{9}{5}\right) = \dfrac{1}{4} \log_2 \dfrac{5}{4}$

또한 점 C는 곡선 $y = \log_2 (x+m)$ 위의 점이므로

$\log_2 \dfrac{9}{4} = \log_2 \left(-\dfrac{1}{4} + m\right)$에서

$\dfrac{9}{4} = -\dfrac{1}{4} + m$ $\therefore m = \dfrac{5}{2}$

$\log_2 9x = \log_2 \left(x + \dfrac{5}{2}\right)$에서

점 D는 두 함수 $y = \log_2 9x$, $y = \log_2 \left(x + \dfrac{5}{2}\right)$의 그래프의 교점이므로

$9x = x + \dfrac{5}{2}$ $\therefore x = \dfrac{5}{16}$

따라서 점 D의 좌표는 $\left(\dfrac{5}{16}, \log_2 \dfrac{45}{16}\right)$이므로

$\triangle CBD = \dfrac{1}{2} \times \dfrac{2}{4} \times \left(\log_2 \dfrac{45}{16} - \log_2 \dfrac{9}{4}\right) = \dfrac{1}{4} \log_2 \dfrac{5}{4}$

따라서 사각형 ABDC의 넓이는

$\triangle ABC + \triangle CBD = \dfrac{1}{4} \log_2 \dfrac{5}{4} + \dfrac{1}{4} \log_2 \dfrac{5}{4}$

$= \dfrac{1}{2} \log_2 \dfrac{5}{4} = \log_2 \dfrac{\sqrt{5}}{1}$ **답 ①**

08

점 C의 좌표를 $(c, 0)$이라 하면 점 A의 x좌표는 $\dfrac{c+1}{2}$이므로

$\triangle ABC = \dfrac{1}{2}(c-1) \log_2 \dfrac{c+1}{2}$

또한 $\overline{DE} = 2\overline{BC}$이고 점 F의 x좌표는 $\dfrac{c + \{c + 2(c-1)\}}{2} = 2c - 1$이므로

$\triangle FDE = \dfrac{1}{2} \times 2(c-1)\{\log_2 (2c-1) - \log_2 c\}$

이때, 두 삼각형 ABC, FDE의 넓이가 같으므로

$(c-1) \log_2 \dfrac{c+1}{2} = 2(c-1) \log_2 \dfrac{2c-1}{c}$

$c > 1$이므로 $\log_2 \dfrac{c+1}{2} = 2 \log_2 \dfrac{2c-1}{c}$

$\dfrac{c+1}{2} = \left(\dfrac{2c-1}{c}\right)^2$, $c^2(c+1) = 2(2c-1)^2$

$c^3 - 7c^2 + 8c - 2 = 0$

$(c-1)(c^2 - 6c + 2) = 0$

$\therefore c = 3 + \sqrt{7} \ (\because c > 1)$ **답 ②**

09

선분 AB가 대각선인 정사각형의 한 변의 길이는 3이므로
$f(p+3) - f(p) = 3$

즉, $\log_2 (p+3) - \log_2 p = 3$에서

$\log_2 \dfrac{p+3}{p} = \log_2 8$, $p+3 = 8p$ $\therefore p = \dfrac{3}{7}$

두 변의 길이의 비가 2 : 1인 직사각형의 한 변의 길이가 3이므로 넓이가 최대이려면 다른 한 변의 길이가 6이어야 한다.

$\therefore f(q+3) - f(q) = 6$

즉, $\log_2 (q+3) - \log_2 q = 6$에서

$\log_2 \dfrac{q+3}{q} = \log_2 64$, $q+3 = 64q$ $\therefore q = \dfrac{1}{21}$

$\therefore f(p) - f(q) = \log_2 p - \log_2 q = \log_2 \dfrac{p}{q}$

$= \log_2 \dfrac{\dfrac{3}{7}}{\dfrac{1}{21}} = \log_2 9 = 2 \log_2 3$ **답 ①**

| 심화 유형 도전하기 | 본문 22 ~ 23쪽 |

01 ④   **02** 28   **03** 18   **04** ④   **05** 54   **06** 144

01

$y = \left(\log_a \dfrac{x}{4}\right)\left(\log_a \dfrac{x}{9}\right)$

$= (\log_a x - \log_a 4)(\log_a x - \log_a 9)$

$= (\log_a x)^2 - (\log_a 4 + \log_a 9) \log_a x + \log_a 4 \times \log_a 9$

$\log_a x = t$, $\log_a 4 = \alpha$, $\log_a 9 = \beta$라 하면

$y = t^2 - (\alpha + \beta)t + \alpha\beta$

$= \left(t - \dfrac{\alpha + \beta}{2}\right)^2 + \alpha\beta - \left(\dfrac{\alpha + \beta}{2}\right)^2$

이므로

$t = \dfrac{\alpha + \beta}{2} = \dfrac{1}{2}(\log_a 4 + \log_a 9) = \dfrac{1}{2}\log_a 36 = \log_a 6$

즉, $x = 6$일 때 y가 최소이므로 최솟값은

$\alpha\beta - \left(\dfrac{\alpha + \beta}{2}\right)^2 = \alpha\beta - \dfrac{\alpha^2 + 2\alpha\beta + \beta^2}{4}$

$= -\dfrac{\alpha^2 - 2\alpha\beta + \beta^2}{4}$

$= -\left(\dfrac{\alpha - \beta}{2}\right)^2$

$= -\left(\dfrac{\log_a 4 - \log_a 9}{2}\right)^2$

$= -\dfrac{1}{4} \times \left(\log_a \dfrac{4}{9}\right)^2$

y의 최솟값이 -1이므로

$-\dfrac{1}{4} \times \left(\log_a \dfrac{4}{9}\right)^2 = -1$

$\left(\log_a \dfrac{4}{9}\right)^2 = 4$

$\log_a \dfrac{4}{9} = 2$ 또는 $\log_a \dfrac{4}{9} = -2$

$a^2 = \dfrac{4}{9}$ 또는 $a^{-2} = \dfrac{4}{9}$

$\therefore a = \pm\dfrac{2}{3}$ 또는 $a = \pm\dfrac{3}{2}$

$a > 0$이므로 $a = \dfrac{2}{3}$ 또는 $a = \dfrac{3}{2}$

따라서 조건을 만족시키는 모든 실수 a의 값의 합은

$\dfrac{2}{3} + \dfrac{3}{2} = \dfrac{13}{6}$ **답 ④**

02

진수의 조건에서 $y \neq 0$, $x+y > 0$, $26-x-y > 0$

$\log(x+y) + 2\log|y| = \log y^2(x+y)$에서

$\log y^2(x+y) = \log(26-x-y)$

$y^2(x+y) = 26-x-y$, $y^2(x+y) + (x+y) = 26$

$(y^2+1)(x+y) = 26$

이때, x, y는 정수이므로

(i) $\begin{cases} y^2+1=1 \\ x+y=26 \end{cases}$에서 $y=0$이면 $y \neq 0$이라는 진수의 조건에 모순이다.

(ii) $\begin{cases} y^2+1=2 \\ x+y=13 \end{cases}$에서 $y=1$, $x=12$ 또는 $y=-1$, $x=14$

(iii) $\begin{cases} y^2+1=13 \\ x+y=2 \end{cases}$에서 $y^2=12$를 만족시키는 정수 y는 존재하지 않는다.

(iv) $\begin{cases} y^2+1=26 \\ x+y=1 \end{cases}$에서 $y=5$, $x=-4$ 또는 $y=-5$, $x=6$

(i)~(iv)에서 주어진 등식을 만족시키는 순서쌍 (x, y)는

$(12, 1)$, $(14, -1)$, $(-4, 5)$, $(6, -5)$

따라서 모든 정수 x의 값의 합은

$12+14+(-4)+6 = 28$　　　　　**탑** 28

03

진수의 조건에서 $x>2$이고 $x>a$

$\log_2(x-2) = \log_2\sqrt{x-a}$에서

$\log_2(x-2) = \dfrac{1}{2}\log_2(x-a)$, $\log_2(x-2)^2 = \log_2(x-a)$

$(x-2)^2 = x-a$, $-x^2+5x-4 = a$　　$\therefore -\left(x-\dfrac{5}{2}\right)^2 + \dfrac{9}{4} = a$

(i) $a \geq 2$일 때, $x>a$에서 곡선 $y=-x^2+5x-4$와 직선 $y=a$가 서로 다른 두 점에서 만나도록 하는 a의 값의 범위는

$2 < a < \dfrac{9}{4}$

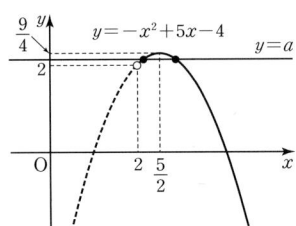

(ii) $a<2$일 때, $x>2$에서 곡선 $y=-x^2+5x-4$와 직선 $y=a$는 오직 한 점에서 만난다.

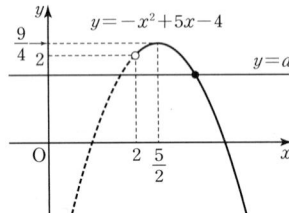

(i), (ii)에서 구하는 실수 a의 값의 범위는

$2 < a < \dfrac{9}{4}$

따라서 $p=2$, $q=\dfrac{9}{4}$이므로 $4pq = 18$

/ 보충 설명 /

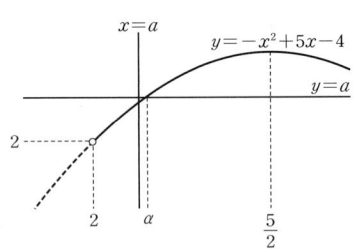

(i)에서 $a \geq 2$이므로 주어진 방정식의 진수의 조건은 $x>a$이다. 이때, 곡선 $y=-x^2+5x-4$와 직선 $y=a$의 두 교점의 x좌표를 각각 α, β $(\alpha < \beta)$라 하면 위의 그림과 같이 $a<\alpha$이므로 항상 $2 \leq a < \alpha < \beta$가 되어 주어진 방정식의 두 실근 α, β는 모두 진수의 조건을 만족시킨다.　　　　　**탑** 18

04

ㄱ. 두 함수 $y=\log_2(x+1)$, $y=\log_3(x+2)$의 그래프는 다음 그림과 같다.

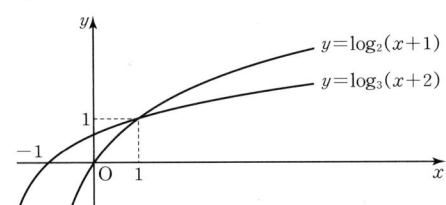

　　$0<a<1$이면 $\log_2(a+1) < \log_3(a+2)$

　　$a>1$이면 $\log_2(a+1) > \log_3(a+2)$ (거짓)

ㄴ. 두 함수 $y=\log_2(x+2)$, $y=\log_3(x+3)$의 그래프는 다음 그림과 같다.

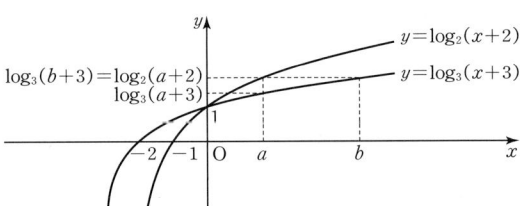

　　$\therefore 1 < \log_3(a+3) < \log_2(a+2)$ (참)

ㄷ. $a>0$, $b>0$일 때 $\log_2(a+2) = \log_3(b+3)$이면 ㄴ의 그래프에서 $a<b$이다. (참)

따라서 항상 성립하는 부등식은 ㄴ, ㄷ이다.　　　　　**탑** ④

05

두 점 $(2, 0)$, $(a, 4\log_2 a)$를 지나는 직선의 기울기는

$\dfrac{4\log_2 a}{a-2}$이므로

$\dfrac{4\log_2 a}{a-2} \leq \log_2 n$에서 $\dfrac{\log_2 a^4}{\log_2 n} \leq a-2$ ($\because a>2$, $n>2$)

$\log_n a^4 \leq a-2$　　$\therefore a^4 \leq n^{a-2}$

(i) $n=3$일 때, $a^4 \leq 3^{a-2}$　　$\therefore T(3) = 11$

(ii) $n=4$일 때, $a^4 \leq 4^{a-2}$　　$\therefore T(4) = 8$

(iii) $n=5$일 때, $a^4 \leq 5^{a-2}$　　$\therefore T(5) = 7$

(iv) $n=6$일 때, $a^4 \leq 6^{a-2}$ $\therefore T(6)=6$

(v) $n=7$일 때, $a^4 \leq 7^{a-2}$ $\therefore T(7)=6$

(vi) $n=8$일 때, $a^4 \leq 8^{a-2}$ $\therefore T(8)=6$

(vii) $n=9$일 때, $a^4 \leq 9^{a-2}$ $\therefore T(9)=5$

(viii) $n=10$일 때, $a^4 \leq 10^{a-2}$ $\therefore T(10)=5$

$\therefore T(3)+T(4)+T(5)+\cdots+T(10)$

$=11+8+7+3 \times 6+2 \times 5=54$ **目** 54

06

$\log a=n+\alpha$ (n은 정수, $0 \leq \alpha < 1$),

$\log b=m+\beta$ (m은 정수, $0 \leq \beta < 1$)라 하면

$f(a)=\alpha$, $f(b)=\beta$

조건 ㈎에서 n과 m은 각각 0 또는 1이므로 경우를 나누어 생각해 보면

(i) $n=0$, $m=0$일 때

  $f(a)=\alpha=\log a$, $f(b)=\beta=\log b$이므로 조건 ㈏에서

  $\log b-2\log a \leq \log a-\log b$

  $2\log b \leq 3\log a$ $\therefore b^2 \leq a^3$

  $a=3$일 때, $b=4$, 5

  $a=4$일 때, $b=5$, 6, 7, 8

  $a=5$일 때, $b=6$, 7, 8, 9

  $a=6$일 때, $b=7$, 8, 9

  $a=7$일 때, $b=8$, 9

  $a=8$일 때, $b=9$

  즉, 순서쌍의 개수는

  $2+4+4+3+2+1=16$

(ii) $n=0$, $m=1$일 때

  $f(a)=\alpha=\log a$, $f(b)=\beta=\log b-1$이므로 조건 ㈏에서

  $\log b-2\log a \leq \log a-\log b+1$

  $2\log b \leq 3\log a+1$ $\therefore b^2 \leq 10a^3$

  $a=3$일 때, $b=10$, 11, 12, 13, 14, 15, 16

  $4 \leq a \leq 9$일 때, $b=10$, 11, 12, $\cdots$, 20

  즉, 순서쌍의 개수는

  $7+11 \times 6=73$

(iii) $n=1$, $m=1$일 때

  $f(a)=\alpha=\log a-1$, $f(b)=\beta=\log b-1$이므로

  조건 ㈏에서

  $\log b-2\log a \leq \log a-1-\log b+1$

  $2\log b \leq 3\log a$ $\therefore b^2 \leq a^3$

  $a=10$일 때, $b=11$, 12, $\cdots$, 20

  $a=11$일 때, $b=12$, 13, $\cdots$, 20

    $\vdots$

  $a=19$일 때, $b=20$

  즉, 순서쌍의 개수는

  $10+9+8+\cdots+1=55$

(i) ~ (iii)에서 구하는 순서쌍의 개수는

$16+73+55=144$ **目** 144

함수 $y=3 \times 2^{x-1}$의 역함수를 구해 보면 $y=3 \times 2^{x-1}$에서

$2^{x-1}=\dfrac{y}{3}$, $x-1=\log_2 \dfrac{y}{3}$, $x=\log_2 \dfrac{y}{3}+1$

즉, 함수 $y=3 \times 2^{x-1}$의 역함수는 $y=\log_2 \dfrac{x}{3}+1$이다.

한편, $y=\log_2 \dfrac{8}{3}x=\log_2 \dfrac{x}{3}+3$이므로 함수 $y=\log_2 \dfrac{8}{3}x$

의 그래프는 함수 $y=\log_2 \dfrac{x}{3}+1$의 그래프를 y축의 방향으로 2만큼 평행이동시킨 것이다.

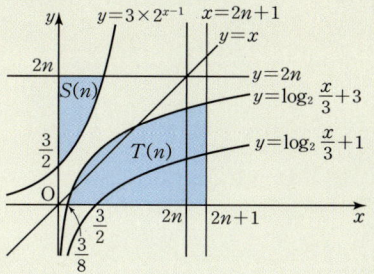

두 함수 $y=3 \times 2^{x-1}$, $y=\log_2 \dfrac{x}{3}+1$의 그래프는 직선 $y=x$에 대하여 대칭이므로 $T(n)-S(n)$의 값은 다음 그림에서 색칠한 도형에 속하고 x좌표와 y좌표가 모두 정수인 점 (x,y)의 개수와 같다.

$\left(\text{단, 곡선 } y=\log_2 \dfrac{x}{3}+1\text{의 } \dfrac{3}{2} \leq x \leq 2n\text{인 부분은 제외}\right)$

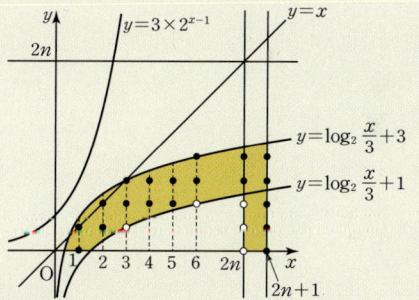

x가 2 이상인 정수일 때 부등식

$\log_2 \dfrac{x}{3}+1 < y \leq \log_2 \dfrac{x}{3}+3$을 만족시키는 정수 y의 개수는 모두 2이다.

한편, $x=1$일 때 부등식 $\log_2 \dfrac{x}{3}+1 < y \leq \log_2 \dfrac{x}{3}+3$을 만족시키는 정수 y는 0, 1이다.

따라서 $\log_2 \dfrac{x}{3}$의 값의 정수 부분을 $\left[\log_2 \dfrac{x}{3}\right]$라 하면

$T(n)-S(n)=2+2(2n-1)+\left[\log_2 \dfrac{2n+1}{3}+3\right]+1$

$=4n+\left[\log_2 \dfrac{2n+1}{3}\right]+4$

$=4n+4+\left[\log_2 \dfrac{2n+1}{3}\right]$

이 값은 자연수 n이 증가함에 따라 증가하므로 $n \geq 12$이면 $T(n)-S(n) > 48$이다.

(ⅰ) $n=11$일 때

$$T(11)-S(11)=44+4+\left[\log_2\frac{23}{3}\right]$$

$2^2<\dfrac{23}{3}<2^3$이므로 $2<\log_2\dfrac{23}{3}<3$

$\therefore T(11)-S(11)=44+4+2=50$

(ⅱ) $n=10$일 때

$$T(10)-S(10)=40+3+[\log_2 7]$$

$2^2<7<2^3$이므로 $2<\log_2 7<3$

$\therefore T(10)-S(10)=40+4+2=46$

(ⅰ), (ⅱ)에서 $T(n)-S(n)>48$을 만족시키는 자연수 n의 최솟값은 11이다.　　답 11

01 삼각함수

01

각 θ를 나타내는 동경과 각 7θ를 나타내는 동경이 이루는 각의 크기가 $\frac{2}{3}\pi$이므로

$7\theta-\theta=2n\pi+\frac{2}{3}\pi$ 또는 $7\theta-\theta=2n\pi-\frac{2}{3}\pi$ (n은 정수)

$6\theta=2n\pi+\frac{2}{3}\pi$ 또는 $6\theta=2n\pi-\frac{2}{3}\pi$

$\therefore \theta=\frac{n}{3}\pi+\frac{\pi}{9}$ 또는 $\theta=\frac{n}{3}\pi-\frac{\pi}{9}$

이때, $\frac{\pi}{2}<\theta<\pi$이므로

(i) $\frac{\pi}{2}<\frac{n}{3}\pi+\frac{\pi}{9}<\pi$에서 $\frac{7}{6}<n<\frac{8}{3}$이므로 $n=2$

$\therefore \theta=\frac{2}{3}\pi+\frac{\pi}{9}=\frac{7}{9}\pi$

(ii) $\frac{\pi}{2}<\frac{n}{3}\pi-\frac{\pi}{9}<\pi$에서 $\frac{11}{6}<n<\frac{10}{3}$이므로 $n=2$ 또는 $n=3$

$\therefore \theta=\frac{2}{3}\pi-\frac{\pi}{9}=\frac{5}{9}\pi$ 또는 $\theta=\pi-\frac{\pi}{9}=\frac{8}{9}\pi$

(i), (ii)에서 모든 실수 θ의 값의 합은

$\frac{7}{9}\pi+\frac{5}{9}\pi+\frac{8}{9}\pi=\frac{20}{9}\pi$

따라서 $p=9$, $q=20$이므로

$p+q=9+20=29$ 答 29

02

반지름의 길이가 r_1인 부채꼴의 중심각의 크기를 θ라 하고, 도형 R의 넓이를 S라 하면

$S=\frac{1}{2}r_1^2\theta-\frac{1}{2}r_2^2\theta=\frac{1}{2}(r_1-r_2)(r_1+r_2)\theta$ …… ㉠

도형 R의 둘레의 길이가 12이므로

$r_1\theta+r_2\theta+2(r_1-r_2)=12$, $(r_1+r_2)\theta+2(r_1-r_2)=12$

$\therefore (r_1+r_2)\theta=12-2(r_1-r_2)$ …… ㉡

㉡에서 $(r_1+r_2)\theta=12-2(r_1-r_2)>0$이므로

$12>2(r_1-r_2)$ $\therefore 0<r_1-r_2<6$

㉡을 ㉠에 대입하면

$S=\frac{1}{2}(r_1-r_2)\{12-2(r_1-r_2)\}$

이때, $r_1-r_2=t$로 놓으면

$S=\frac{1}{2}t(12-2t)=-(t-3)^2+9$ (단, $0<t<6$)

따라서 도형 R의 넓이는 $t=r_1-r_2=3$일 때, 최댓값 9를 갖는다.   答 ②

03

구 S의 중심을 O, 원뿔의 꼭짓점을 B라 하고, 원뿔의 한 모선이 밑면과 만나는 점을 C, 점 O에서 원뿔의 모선 BC에 내린 수선의 발을 H라 하면 다음 그림과 같다.

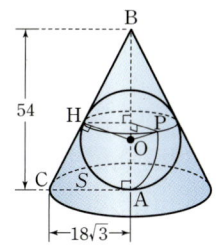

직각삼각형 BCA에서

$\tan(\angle CBA)=\dfrac{\overline{AC}}{\overline{AB}}=\dfrac{18\sqrt{3}}{54}=\dfrac{\sqrt{3}}{3}$

이므로 $\angle CBA=\dfrac{\pi}{6}$

구 S의 반지름의 길이를 r라 하면 직각삼각형 BOH에서

$\sin\dfrac{\pi}{6}=\dfrac{\overline{OH}}{\overline{BO}}$, $\dfrac{1}{2}=\dfrac{r}{54-r}$, $2r=54-r$

$\therefore r=18$

$\angle BOH=\angle BOP=\dfrac{\pi}{3}$이므로 $\angle AOP=\dfrac{2}{3}\pi$

$\therefore l=18\times\dfrac{2}{3}\pi=12\pi$

$\therefore \dfrac{l}{\pi}=12$ 答 12

04

두 직선 $y=\frac{1}{3}x$, $y=-2x$가 x축의 양의 방향과 이루는 각의 크기를 각각 α, β라 하면

$\tan\alpha=\dfrac{b}{a}=\dfrac{1}{3}$, $\tan\beta=\dfrac{d}{c}=-2$

$\therefore b=\dfrac{1}{3}a$, $d=-2c$

이때, $a>0$, $c<0$에서 $a-6c\neq0$이므로

$\dfrac{a-6c}{b+d}=\dfrac{a-6c}{\frac{1}{3}a-2c}=\dfrac{a-6c}{\frac{1}{3}(a-6c)}=3$ 答 3

05

$\dfrac{\sqrt{\sin\theta}}{\sqrt{\cos\theta}}=-\sqrt{\tan\theta}$에서 $\dfrac{\sqrt{\sin\theta}}{\sqrt{\cos\theta}}=-\sqrt{\dfrac{\sin\theta}{\cos\theta}}$이므로

$\sin\theta>0$, $\cos\theta<0$

즉, θ는 제2사분면의 각이므로 $|\tan\theta|=\dfrac{3}{2}$에서 $\tan\theta=-\dfrac{3}{2}$

이때, $\tan^2\theta=\dfrac{\sin^2\theta}{\cos^2\theta}$에서

$\dfrac{1-\cos^2\theta}{\cos^2\theta}=\dfrac{9}{4}$, $9\cos^2\theta=4-4\cos^2\theta$, $13\cos^2\theta=4$

$\therefore \cos\theta=-\dfrac{2}{\sqrt{13}}$ ($\because \cos\theta<0$)

또한 $\sin^2\theta+\cos^2\theta=1$이므로

$\sin^2\theta+\dfrac{4}{13}=1$ $\therefore \sin\theta=\dfrac{3}{\sqrt{13}}$ $(\because \sin\theta>0)$

$\therefore |\sin\theta-\cos\theta-\tan\theta|+|\cos\theta|-\sqrt{(\cos\theta+\tan\theta)^2}$

$\quad =\sin\theta-\cos\theta-\tan\theta-\cos\theta+\cos\theta+\tan\theta$

$\quad =\sin\theta-\cos\theta$

$\quad =\dfrac{3}{\sqrt{13}}+\dfrac{2}{\sqrt{13}}=\dfrac{5}{\sqrt{13}}$

따라서 $k=\dfrac{5}{\sqrt{13}}$이므로 $39k^2=39\times\dfrac{25}{13}=75$ **冒 75**

06

이차방정식의 근과 계수의 관계에 의하여

$\sin\theta+\cos\theta=2\sqrt{2}a$ …… ㉠

$\sin\theta\cos\theta=-a$ …… ㉡

㉠의 양변을 제곱하면

$\sin^2\theta+2\sin\theta\cos\theta+\cos^2\theta=8a^2$

$1+2\sin\theta\cos\theta=8a^2$ $(\because \sin^2\theta+\cos^2\theta=1)$

$1-2a=8a^2$ $(\because$ ㉡$)$

$8a^2+2a-1=0$, $(2a+1)(4a-1)=0$

$\therefore a=-\dfrac{1}{2}$ 또는 $a=\dfrac{1}{4}$

(i) $a=-\dfrac{1}{2}$일 때, 주어진 이차방정식은

$\quad x^2+\sqrt{2}x+\dfrac{1}{2}=\left(x+\dfrac{1}{\sqrt{2}}\right)^2=0$ $\therefore x=-\dfrac{1}{\sqrt{2}}$ (중근)

$\quad$ 즉, $\sin\theta=\cos\theta=-\dfrac{1}{\sqrt{2}}$이므로 $\cos\theta>0$을 만족시키지 않는다.

(ii) $a=\dfrac{1}{4}$일 때, 주어진 이차방정식은

$\quad x^2-\dfrac{\sqrt{2}}{2}x-\dfrac{1}{4}=0$, $4x^2-2\sqrt{2}x-1=0$

$\quad \therefore x=\dfrac{\sqrt{2}\pm\sqrt{6}}{4}$

$\quad$ 이때, $\cos\theta>0$이므로 $\cos\theta=\dfrac{\sqrt{2}+\sqrt{6}}{4}$, $\sin\theta=\dfrac{\sqrt{2}-\sqrt{6}}{4}$

(i), (ii)에서

$\tan\theta=\dfrac{\sin\theta}{\cos\theta}=\dfrac{\dfrac{\sqrt{2}-\sqrt{6}}{4}}{\dfrac{\sqrt{2}+\sqrt{6}}{4}}=-2+\sqrt{3}$ **冒 ②**

07

오른쪽 그림과 같이 직선 OA와 x축의 양의 방향이 이루는 각의 크기를 θ라 하고, 직선 $x=2$가 x축과 만나는 점을 H라 하면 두 삼각형 BOH, BCA는 서로 닮음이므로

$\angle BOH=\angle BCA=\theta$

$\overline{BH}=2\tan\theta$, $\overline{BA}=\sqrt{7}\tan\theta$

이때, $\overline{OA}=1$이므로 $\overline{OB}=1+\sqrt{7}\tan\theta$

삼각형 BOH에서 피타고라스 정리에 의하여 $\overline{OB}^2=\overline{OH}^2+\overline{BH}^2$ 이므로

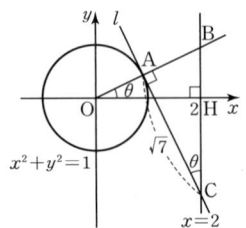

$(1+\sqrt{7}\tan\theta)^2=2^2+(2\tan\theta)^2$

$1+2\sqrt{7}\tan\theta+7\tan^2\theta=4+4\tan^2\theta$

$3\tan^2\theta+2\sqrt{7}\tan\theta-3=0$

$\therefore \tan\theta=\dfrac{-\sqrt{7}+4}{3}$ $(\because \tan\theta>0)$

즉, $\overline{OB}=1+\sqrt{7}\times\dfrac{-\sqrt{7}+4}{3}=\dfrac{-4+4\sqrt{7}}{3}$이므로

$\overline{OH}:\overline{CA}=\overline{BO}:\overline{BC}$에서

$2:\sqrt{7}=\dfrac{-4+4\sqrt{7}}{3}:\overline{BC}$, $\sqrt{7}\times\dfrac{-4+4\sqrt{7}}{3}=2\times\overline{BC}$

$\therefore \overline{BC}=\dfrac{14-2\sqrt{7}}{3}$

/ 다른 풀이 /

오른쪽 그림과 같이 직선 OA와 x축의 양의 방향이 이루는 각의 크기를 θ라 하고, 직선 $x=2$가 x축과 만나는 점을 H라 하면 두 삼각형 BOH, BCA는 서로 닮음이므로

$\angle BOH=\angle BCA=\theta$

삼각형 BAC에서 $\overline{AC}=\sqrt{7}$이므로

$\overline{AB}=\sqrt{7}\tan\theta$

또한 $\overline{OA}=1$이므로 $\overline{OB}=1+\sqrt{7}\tan\theta$

이때, 삼각형 BOH에서

$\cos\theta=\dfrac{2}{\overline{OB}}$이므로

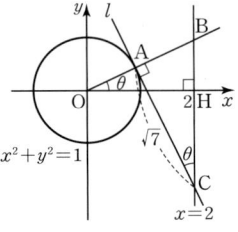

$(1+\sqrt{7}\tan\theta)\cos\theta=2$

$\cos\theta+\sqrt{7}\times\dfrac{\sin\theta}{\cos\theta}\times\cos\theta=2$, $\cos\theta+\sqrt{7}\sin\theta=2$

$2-\cos\theta=\sqrt{7}\sin\theta$

이 식의 양변을 제곱하면

$4-4\cos\theta+\cos^2\theta=7\sin^2\theta$에서

$4-4\cos\theta+\cos^2\theta=7(1-\cos^2\theta)$

$8\cos^2\theta-4\cos\theta-3=0$

$\therefore \cos\theta=\dfrac{2+\sqrt{28}}{8}=\dfrac{1+\sqrt{7}}{4}$ $(\because \cos\theta>0)$

직각삼각형 CAB에서 $\cos\theta=\dfrac{\overline{AC}}{\overline{BC}}$이므로

$\therefore \overline{BC}=\dfrac{\overline{AC}}{\cos\theta}=\dfrac{\sqrt{7}}{\dfrac{1+\sqrt{7}}{4}}=\dfrac{4\sqrt{7}}{1+\sqrt{7}}=\dfrac{14-2\sqrt{7}}{3}$ **冒 ④**

08

$\cos\theta+\dfrac{1}{5}\sin\theta=1$, 즉 $\cos\theta=1-\dfrac{1}{5}\sin\theta$이므로

$\sin^2\theta+\cos^2\theta=1$에 대입하면

$\sin^2\theta+\left(1-\dfrac{1}{5}\sin\theta\right)^2=1$, $\sin^2\theta+\dfrac{1}{25}\sin^2\theta-\dfrac{2}{5}\sin\theta+1=1$

$\dfrac{26}{25}\sin\theta\left(\sin\theta-\dfrac{5}{13}\right)=0$ $\therefore \sin\theta=\dfrac{5}{13}\left(\because 0<\theta<\dfrac{\pi}{2}\right)$

이를 $\cos\theta=1-\dfrac{1}{5}\sin\theta$에 대입하면

$\cos\theta=1-\dfrac{1}{5}\times\dfrac{5}{13}=\dfrac{12}{13}$

$$\therefore \tan\theta = \frac{\sin\theta}{\cos\theta} = \frac{\frac{5}{13}}{\frac{12}{13}} = \frac{5}{12}$$

따라서 $p=12$, $q=5$이므로

$p+q=12+5=17$

답 17

09

다음 그림과 같이 직선 OC와 x축의 양의 방향이 이루는 각의 크기를 θ라 하고, 점 C에서 x축에 내린 수선의 발을 D, 점 B에서 선분 CD에 내린 수선의 발을 E라 하면 $\angle BCE = \angle COD = \theta$

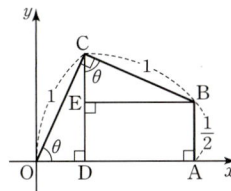

직각삼각형 BCE에서

$\overline{CE} = \cos\theta$ ...... ㉠

직각삼각형 COD에서 $\overline{CD} = \sin\theta$이므로

$\overline{CE} = \overline{CD} - \overline{ED} = \overline{CD} - \overline{AB} = \sin\theta - \frac{1}{2}$ ...... ㉡

㉠, ㉡에서

$\cos\theta = \sin\theta - \frac{1}{2}$ ...... ㉢

이 식의 양변을 제곱하면

$\cos^2\theta = \sin^2\theta - \sin\theta + \frac{1}{4}$에서

$1 - \sin^2\theta = \sin^2\theta - \sin\theta + \frac{1}{4}$

$8\sin^2\theta - 4\sin\theta - 3 = 0$

$\therefore \sin\theta = \frac{2+\sqrt{28}}{8} = \frac{1+\sqrt{7}}{4}\left(\because 0 < \theta < \frac{\pi}{2}\right)$

이를 ㉢에 대입하면

$\cos\theta = \sin\theta - \frac{1}{2} = \frac{-1+\sqrt{7}}{4}$

이때, 직선 OC의 기울기는

$\tan\theta = \frac{\sin\theta}{\cos\theta} = \frac{\frac{1+\sqrt{7}}{4}}{\frac{-1+\sqrt{7}}{4}} = \frac{\sqrt{7}+1}{\sqrt{7}-1}$

따라서 구하는 직선 BC의 기울기는

$-\frac{1}{\tan\theta} = -\frac{\sqrt{7}-1}{\sqrt{7}+1} = \frac{\sqrt{7}-4}{3}$

답 ②

심화 유형 도전하기 | 본문 28～29쪽

01 5　　**02** ③　　**03** ④　　**04** ③　　**05** 30　　**06** 84

01

두 이등변삼각형 ABC, BCD에서

$\angle ABC = \angle BCD$, $\angle ACB = \angle BDC$

이므로 두 삼각형 ABC, BCD는 서로 닮음이다.

$\overline{CD} = x$라 하면

$\overline{AB} : \overline{BC} = \overline{BC} : \overline{CD}$에서

$(x+2) : 2 = 2 : x$

$4 = x(x+2)$

$x^2 + 2x - 4 = 0$

$\therefore x = -1 + \sqrt{5}\ (\because x > 0)$

점 A에서 변 BC에 내린 수선의 발을 H라 하면 직각삼각형 AHC에서

$$\cos\theta = \frac{\overline{HC}}{\overline{AC}}$$
$$= \frac{1}{2+(-1+\sqrt{5})}$$
$$= \frac{\sqrt{5}-1}{4}$$

이므로

$$(4\cos\theta + 1)^2 = \left(4 \times \frac{\sqrt{5}-1}{4} + 1\right)^2 = 5$$

/ **다른 풀이** /

오른쪽 그림과 같이 점 B에서 선분 AC에 내린 수선의 발을 H, 점 A에서 선분 BC에 내린 수선의 발을 I라 하자.

삼각형 BCH에서 $\overline{CH} = 2\cos\theta$이므로

$\overline{CD} = 4\cos\theta$

$\therefore \overline{AC} = 2 + 4\cos\theta$

한편, 삼각형 AIC에서 $\overline{CI} = 1$이므로

$$\cos\theta = \frac{1}{2+4\cos\theta}$$

$4\cos^2\theta + 2\cos\theta = 1$ ...... ㉠

$$\therefore (4\cos\theta + 1)^2 = 16\cos^2\theta + 8\cos\theta + 1$$
$$= 4(4\cos^2\theta + 2\cos\theta) + 1$$
$$= 4 \times 1 + 1 = 5\ (\because ㉠)$$

답 5

02

오른쪽 그림과 같이 원의 중심 O_1에서 선분 BO_2에 내린 수선의 발을 H, 두 원의 접점을 D라 하자.

$\overline{O_1O_2} = 1+3 = 4$, $\overline{O_2H} = 3-1 = 2$

이므로 직각삼각형 HO_1O_2에서

$\angle O_1O_2H = \frac{\pi}{3}$, $\angle HO_1O_2 = \frac{\pi}{6}$,

$\overline{O_1H} = 2\sqrt{3}$

$\therefore \angle AO_1D = \frac{\pi}{2} + \frac{\pi}{6} = \frac{2}{3}\pi$

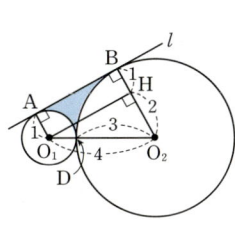

따라서 구하는 도형의 넓이는

(사다리꼴 AO_1O_2B의 넓이) $-$ (부채꼴 AO_1D의 넓이)

$-$ (부채꼴 BO_2D의 넓이)

$= \dfrac{1}{2} \times (1+3) \times 2\sqrt{3} - \dfrac{1}{2} \times 1^2 \times \dfrac{2}{3}\pi - \dfrac{1}{2} \times 3^2 \times \dfrac{\pi}{3}$

$= 4\sqrt{3} - \dfrac{\pi}{3} - \dfrac{3}{2}\pi$

$= 4\sqrt{3} - \dfrac{11}{6}\pi$ ③

03

직선 OB와 x축의 양의 방향이 이루는 각의 크기를 θ라 하면 직각삼각형 BOC에서

$\tan \theta = \dfrac{\overline{BC}}{\overline{OB}}$

즉, $\overline{BC} = \overline{OB} \times \tan \theta = \tan \theta$

$\therefore S_2 = \dfrac{1}{2} \times \overline{OB} \times \overline{BC} - \dfrac{1}{2} \times \overline{OB}^2 \times \theta$

$= \dfrac{1}{2}(\tan \theta - \theta)$

$\angle BCE = \theta$이므로 직각삼각형 BCE에서

$\tan \theta = \dfrac{\overline{BE}}{\overline{BC}}$

즉, $\overline{BE} = \overline{BC} \times \tan \theta = \tan^2 \theta$

$\therefore S_1 = \dfrac{1}{2} \times \overline{BC} \times \overline{BE} - \dfrac{1}{2} \times \overline{BC}^2 \times \theta$

$= \dfrac{1}{2} \times \tan \theta \times \tan^2 \theta - \dfrac{1}{2} \times \tan^2 \theta \times \theta$

$= \dfrac{1}{2} \tan^2 \theta \times (\tan \theta - \theta)$

$\therefore \dfrac{S_1}{S_2} = \tan^2 \theta$ ...... ㉠

$\angle ODB = \theta$이므로 직각삼각형 OBD에서

$\tan \theta = \dfrac{\overline{OB}}{\overline{DB}}$

즉, $\overline{DB} = \dfrac{\overline{OB}}{\tan \theta} = \dfrac{1}{\tan \theta}$

$\therefore \overline{CD} = \overline{DB} + \overline{BC}$

$= \dfrac{1}{\tan \theta} + \tan \theta$

이때, $\overline{CD} = 4$이므로

$\dfrac{1}{\tan \theta} + \tan \theta = 4$

$\tan^2 \theta - 4\tan \theta + 1 = 0$

$\therefore \tan \theta = 2 \pm \sqrt{3}$

그런데 점 B의 x좌표는 점 B의 y좌표보다 작으므로

$\tan \theta > 1$

$\therefore \tan \theta = 2 + \sqrt{3}$

따라서 ㉠에서

$\dfrac{S_1}{S_2} = \tan^2 \theta = (2+\sqrt{3})^2 = 7 + 4\sqrt{3}$ ④

04

$x = \cos \theta$, $y = \sin \theta$로 놓으면

$x^2 + y^2 = 1$

$0 \le \theta \le \dfrac{\pi}{3}$이므로 점 $P(x, y)$, 즉

$P(\cos \theta, \sin \theta)$가 나타내는 도형은 오른쪽 그림과 같이 원 $x^2 + y^2 = 1$의 일부이다.

$f(\theta) = \tan \theta + \dfrac{1}{\cos \theta}$

$= \dfrac{\sin \theta}{\cos \theta} + \dfrac{1}{\cos \theta}$

$= \dfrac{\sin \theta + 1}{\cos \theta} = \dfrac{y+1}{x}$

에서 $f(\theta) = \dfrac{y+1}{x} = k$로 놓으면

$y = kx - 1$ ...... ㉠

㉠은 항상 점 $(0, -1)$을 지나는 직선이다.

이때, ㉠의 기울기 k가 최대가 되는 것은 위의 그림과 같이 직선 ㉠이 점 $P'\left(\cos \dfrac{\pi}{3}, \sin \dfrac{\pi}{3}\right)$, 즉 $P'\left(\dfrac{1}{2}, \dfrac{\sqrt{3}}{2}\right)$을 지날 때이므로 기울기 k의 최댓값은 ㉠에서

$\dfrac{\sqrt{3}}{2} = \dfrac{1}{2}k - 1$ $\therefore k = 2 + \sqrt{3}$

$\therefore M = 2 + \sqrt{3}$

또한 ㉠의 기울기 k가 최소가 되는 것은 위의 그림과 같이 직선 ㉠이 점 $P''(\cos 0, \sin 0)$, 즉 $P''(1, 0)$을 지날 때이므로 기울기 k의 최솟값은 ㉠에서

$0 = k - 1$ $\therefore k = 1$

$\therefore m = 1$

$\therefore M + m = (2+\sqrt{3}) + 1 = 3 + \sqrt{3}$ ③

05

선분 PQ의 중점을 R라 하면 $\sin t + \sin \theta = 1$이므로

$R\left(\dfrac{\cos t + \cos \theta}{2}, \dfrac{\sin t + \sin \theta}{2}\right)$

$\therefore R\left(\dfrac{\cos t + \cos \theta}{2}, \dfrac{1}{2}\right)$

따라서 $\cos t + \cos \theta$의 값이 최대가 되려면 점 R의 x좌표가 최대가 되면 된다.

오른쪽 그림과 같이 점 R는 원 $x^2 + y^2 = 1$의 내부 또는 경계에 있고, 점 R의 y좌표가 $\dfrac{1}{2}$이므로 점 R의 x좌표의 범위는

$-\dfrac{\sqrt{3}}{2} \le \dfrac{\cos t + \cos \theta}{2} \le \dfrac{\sqrt{3}}{2}$

$\therefore -\sqrt{3} \le \cos t + \cos \theta \le \sqrt{3}$

따라서 $\cos t + \cos \theta$는 두 점 P, Q의 좌표가 모두 $\left(\dfrac{\sqrt{3}}{2}, \dfrac{1}{2}\right)$일 때 최댓값 $\sqrt{3}$을 가지므로 $M = \sqrt{3}$이다.

$\therefore 10M^2 = 10 \times (\sqrt{3})^2 = 30$ 30

06

원 $\left(x-\frac{1}{2}\right)^2+y^2=\frac{1}{4}$이 x축과

만나는 점 중 원점이 아닌 점을

B, 중심을 C라 하면

B$(1,\,0)$, C$\left(\frac{1}{2},\,0\right)$이고,

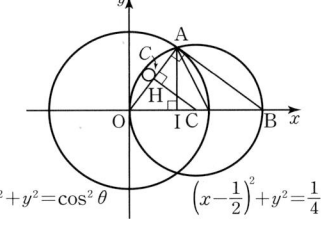

$x^2+y^2=\cos^2\theta \qquad \left(x-\frac{1}{2}\right)^2+y^2=\frac{1}{4}$

$\overline{OA}=\cos\theta$, $\angle OAB=\frac{\pi}{2}$이

므로

$\overline{AB}=\sqrt{1-\cos^2\theta}$

$\quad\ =\sqrt{\sin^2\theta}=\sin\theta$

점 C에서 선분 OA에 내린 수선의 발을 H라 하면

$\overline{OC}=\overline{CB}$이므로

$\overline{CH}=\frac{1}{2}\overline{AB}=\frac{1}{2}\sin\theta$

한편, 원 C의 반지름의 길이가 $\frac{1}{20}$이므로

$\overline{CH}+2\times\frac{1}{20}=\overline{OC}$에서

$\frac{1}{2}\sin\theta+2\times\frac{1}{20}=\frac{1}{2}$ $\quad\therefore\ \sin\theta=\frac{4}{5}$

$\therefore\ \cos\theta=\sqrt{1-\sin^2\theta}=\sqrt{1-\left(\frac{4}{5}\right)^2}=\frac{3}{5}\ \left(\because\ 0<\theta<\frac{\pi}{2}\right)$

점 A에서 x축에 내린 수선의 발을 I라 하고, $\angle AOI=\alpha$라 하면

삼각형 OAB에서 $\sin\alpha=\dfrac{\overline{AB}}{\overline{OB}}=\sin\theta=\dfrac{4}{5}$이므로

$\overline{AI}=\overline{OA}\sin\alpha$

$\quad=\cos\theta\sin\alpha$

$\quad=\dfrac{3}{5}\times\dfrac{4}{5}=\dfrac{12}{25}$

삼각형 OAB에서 $\cos\alpha=\dfrac{\overline{OA}}{\overline{OB}}=\cos\theta=\dfrac{3}{5}$이므로

$\overline{OI}=\overline{OA}\cos\alpha$

$\quad=\cos\theta\cos\alpha$

$\quad=\dfrac{3}{5}\times\dfrac{3}{5}=\dfrac{9}{25}$

따라서 A$\left(\dfrac{9}{25},\,\dfrac{12}{25}\right)$이므로 $a=\dfrac{9}{25}$, $b=\dfrac{12}{25}$

$\therefore\ 100(a+b)=100\times\left(\dfrac{9}{25}+\dfrac{12}{25}\right)=84$ 　　　　　**답** 84

---

02 삼각함수의 그래프

개념 & 대표 유형 짚어보기					본문 30 ～ 31쪽

01 25　　**02** ②　　**03** ⑤　　**04** 80　　**05** ③　　**06** 32

07 ①　　**08** 40　　**09** 10

01

함수 $f(x)$의 주기가 p이므로 임의의 실수 x에 대하여

$f(x+p)=f(x)$

따라서

$x=0$일 때, $f(p)=f(0)$

$x=p$일 때, $f(2p)=f(p)$

$x=2p$일 때, $f(3p)=f(2p)$

　　　⋮

$\therefore\ f(p)=f(2p)=f(3p)=\cdots=f(100p)=f(0)$

이때, $f(0)=\dfrac{\sin^2 0+\cos 0\times\sin 0+1}{\cos 0+3}=\dfrac{0+0+1}{1+3}=\dfrac{1}{4}$이므로

$f(p)+f(2p)+f(3p)+\cdots+f(100p)$

$=100f(0)=100\times\dfrac{1}{4}=25$ 　　　　　**답** 25

02

ㄱ. 오른쪽 그림과 같이 함수 $y=\sin x$의

그래프에서

A$(1,\,0)$, B$\left(\dfrac{\pi}{2},\,0\right)$, C$(2,\,0)$이라

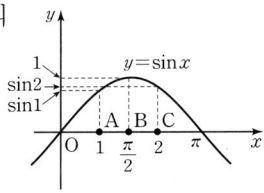

하면

$\overline{BC}-\overline{AB}=\left(2-\dfrac{\pi}{2}\right)-\left(\dfrac{\pi}{2}-1\right)$

$\qquad\qquad\quad=3-\pi<0$

$\therefore\ \overline{BC}<\overline{AB}$

즉, 수직선에서 1보다 2가 $\dfrac{\pi}{2}$에 더 가까이 있으므로

$\sin 2>\sin 1$ (참)

ㄴ. $\dfrac{\pi}{4}<x<\dfrac{\pi}{3}$에서 함수 $y=\sin x$는 증가하고, 함수 $y=\cos x$는

감소한다.

$\dfrac{\pi}{4}<1<\dfrac{\pi}{3}$이므로 $\sin 1<\sin\dfrac{\pi}{3}$, $\cos 1>\cos\dfrac{\pi}{3}$

$\therefore\ 2\cos 1>2\cos\dfrac{\pi}{3}=1>\dfrac{\sqrt{3}}{2}=\sin\dfrac{\pi}{3}>\sin 1$

$\therefore\ 2\cos 1>\sin 1$ (참)

ㄷ. 오른쪽 그림과 같이 함수 $y=\tan x$의

그래프에서 원점 O와 두 점

A$\left(\dfrac{1}{3},\,\tan\dfrac{1}{3}\right)$, B$\left(\dfrac{1}{2},\,\tan\dfrac{1}{2}\right)$에 대

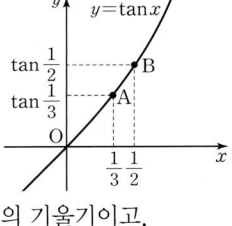

하여

$\dfrac{\tan\dfrac{1}{3}-\tan 0}{\dfrac{1}{3}-0}=3\tan\dfrac{1}{3}$은 직선 OA의 기울기이고,

$\dfrac{\tan\dfrac{1}{2}-\tan 0}{\dfrac{1}{2}-0}=2\tan\dfrac{1}{2}$ 은 직선 OB의 기울기이다.

이때, $0<x<\dfrac{\pi}{2}$ 에서 함수 $y=\tan x$의 그래프가 아래로 볼록하므로

$3\tan\dfrac{1}{3}<2\tan\dfrac{1}{2}$ (거짓)

따라서 옳은 것은 ㄱ, ㄴ이다.　　　　　　　　　🔁 ②

03

함수 $f(x)=3\cos 2\pi x\ (x\geq 0)$의

주기는 $\dfrac{2\pi}{|2\pi|}=1$이므로 그 그래프

는 오른쪽 그림과 같고,

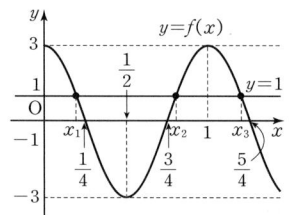

두 점 $(x_1,\ 0),\ (x_2,\ 0)$은 직선

$x=\dfrac{1}{2}$에 대하여 대칭이므로

$x_1+x_2=1$

두 점 $(x_2,\ 0),\ (x_3,\ 0)$은 직선 $x=1$에 대하여 대칭이므로

$x_2+x_3=2$

두 점 $(x_3,\ 0),\ (x_4,\ 0)$은 직선 $x=\dfrac{3}{2}$에 대하여 대칭이므로

$x_3+x_4=3$

두 점 $(x_4,\ 0),\ (x_5,\ 0)$은 직선 $x=2$에 대하여 대칭이므로

$x_4+x_5=4$

$\vdots$

이때, 함수 $f(x)$의 주기가 1이므로

$f(x_1+x_2)=f(1)=f(0)=3$

$f(x_2+x_3)=f(2)=f(1)=f(0)=3$

$f(x_3+x_4)=f(3)=f(2)=f(1)=f(0)=3$

$\vdots$

즉, 자연수 n에 대하여 $f(x_n+x_{n+1})=f(0)=3$이므로

$f(x_{2018}+x_{2019})+f(x_{2019}+x_{2020})$

$=f(0)+f(0)=3+3=6$　　　　　　　🔁 ⑤

04

함수 $f(x)=\sin x\left(0\leq x\leq\dfrac{\pi}{2}\right)$의 치역은 $\{y\,|\,0\leq y\leq 1\}$이므로

함수 $f(x)$의 역함수 $g(x)$의 정의역은 $\{x\,|\,0\leq x\leq 1\}$, 치역은 $\left\{y\,\Big|\,0\leq y\leq\dfrac{\pi}{2}\right\}$이다.

즉, $0\leq a\leq 1$인 a에 대하여 $0\leq g(a)\leq\dfrac{\pi}{2}$이고,

$0\leq g(a)\leq\dfrac{\pi}{2}$에서 $0\leq\cos g(a)\leq 1$이고, $f(x)$의 역함수가 $g(x)$이므로

$\cos g(a)=\sqrt{1-\sin^2 g(a)}$

$=\sqrt{1-\{f(g(a))\}^2}$

$=\sqrt{1-a^2}$

따라서 $\sqrt{1-a^2}=\dfrac{3}{5}$이므로

$1-a^2=\dfrac{9}{25},\ a^2=\dfrac{16}{25}$

$\therefore a=\dfrac{4}{5}\ (\because 0\leq a\leq 1)$

$\therefore 100a=100\times\dfrac{4}{5}=80$　　　　　🔁 80

05

$3\sin^2 x-(4+k)\cos x-1=0$에서

$3(1-\cos^2 x)-(4+k)\cos x-1=0$

$-3\cos^2 x-(4+k)\cos x+2=0$

이때, $\cos x=t$로 놓으면 $-1\leq t\leq 1$이고, 주어진 방정식은

$-3t^2-(4+k)t+2=0$

이 이차방정식의 한 근을 α라 하면

$\cos x=\alpha$에서 오른쪽 그림과 같이 함수 $y=\cos x$의 그래프에서

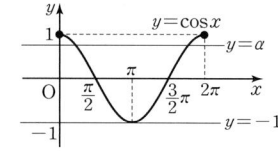

$\cos x=-1$이 되는 경우를 제외하면

항상 $\cos x=\alpha$의 근의 개수는 2이다.

따라서 주어진 방정식의 서로 다른 실근의 개수가 홀수이려면 이차방정식 $-3t^2-(4+k)t+2=0$의 한 근이 -1이어야 하므로

$-3\times(-1)^2-(4+k)\times(-1)+2=0$

$-3+4+k+2=0$

$\therefore k=-3$

/ 다른 풀이 /

$3\sin^2 x-(4+k)\cos x-1=0$에서

$3(1-\cos^2 x)-(4+k)\cos x-1=0$

$-3\cos^2 x-4\cos x+2=k\cos x$

따라서 주어진 방정식의 실근은 두 곡선

$y=-3\cos^2 x-4\cos x+2$,

$y=k\cos x$의 교점의 x좌표이다.

이때, $\cos x=t$로 놓으면 $-1\leq t\leq 1$이고 두 함수의 식은

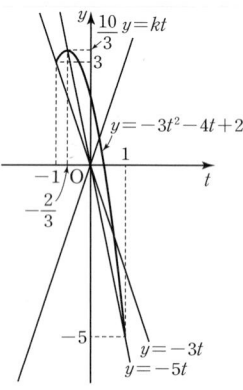

$y=-3t^2-4t+2=-3\left(t+\dfrac{2}{3}\right)^2+\dfrac{10}{3}$

$y=kt$

그 그래프는 오른쪽 그림과 같다.

(i) $k=-3$인 경우

직선 $y=-3t$와 곡선 $y=-3t^2-4t+2$의 교점의 t좌표는 $t=-1$ 또는 $t=\alpha$ (단, $0<\alpha<1$)

$\cos k_1=\alpha\left(0<k_1<\dfrac{\pi}{2}\ 또는\ \dfrac{3}{2}\pi<k_1<2\pi\right)$

라 하면

$0\leq x\leq 2\pi$에서 $\cos x=-1$ 또는 $\cos x=\alpha$의 실근의 개수는 $\pi,\ k_1,\ 2\pi-k_1$의 3이다.

(ii) $k=-5$인 경우

직선 $y=-5t$와 곡선 $y=-3t^2-4t+2$의 교점의 t좌표는

$t=1$ 또는 $t=-\dfrac{2}{3}$

$\cos k_2 = -\dfrac{2}{3} \left(\dfrac{\pi}{2} < k_2 < \pi$ 또는 $\pi < k_2 < \dfrac{3}{2}\pi \right)$ 라 하면

$0 \le x \le 2\pi$에서 $\cos x = 1$ 또는 $\cos x = -\dfrac{2}{3}$의 실근의 개수는

$0, 2\pi, k_2, 2\pi - k_2$의 4이다.

(iii) $k \ne -3$이고 $k \ne -5$인 경우

직선 $y = kt$와 곡선 $y = -3t^2 - 4t + 2$의 교점의 t좌표는 1도 아니고 -1도 아니다. 또한 교점의 개수는 항상 1 이상이므로 $0 \le x \le 2\pi$에서 주어진 방정식의 실근의 개수는 짝수이다.

따라서 주어진 방정식의 서로 다른 실근의 개수가 홀수인 경우는 $k = -3$뿐이다.

/ 보충 설명 /

$0 \le x \le 2\pi$에서 두 함수 $y = -3\cos^2 x - 4\cos x + 2$, $y = k\cos x$의 그래프는 다음 그림과 같다.

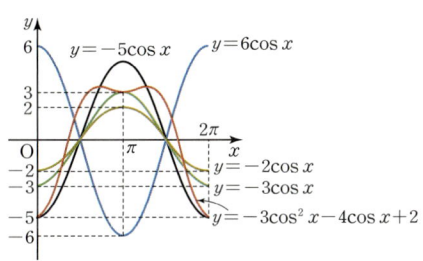

$$\boxed{③}$$

06

함수 $y = x^2 + (1 - \sqrt{3}\sin\theta)x - \cos\theta$의 그래프와 직선 $y = x$의 교점을 각각 $A(a, a)$, $B(b, b)$ $(a < b)$라 하면

$\overline{AB} = \sqrt{(b-a)^2 + (b-a)^2} = \sqrt{2}(b-a) = 2\sqrt{2}$

$\therefore b - a = 2$ ⋯⋯ ㉠

이때, a, b는 x에 대한 이차방정식

$x^2 + (1 - \sqrt{3}\sin\theta)x - \cos\theta = x$, 즉 $x^2 - \sqrt{3}\sin\theta\, x - \cos\theta = 0$

의 두 실근이므로 근과 계수의 관계에 의하여

$a + b = \sqrt{3}\sin\theta$

$ab = -\cos\theta$

$\therefore (a-b)^2 = (a+b)^2 - 4ab = 3\sin\theta + 4\cos\theta$ ⋯⋯ ㉡

㉠을 ㉡에 대입하면

$3\sin\theta + 4\cos\theta = 4$

$\therefore \sin\theta = \dfrac{4}{3} - \dfrac{4}{3}\cos\theta$

이를 $\sin^2\theta + \cos^2\theta = 1$에 대입하면

$\left(\dfrac{4}{3} - \dfrac{4}{3}\cos\theta \right)^2 + \cos^2\theta = 1$

$\dfrac{16}{9} - \dfrac{32}{9}\cos\theta + \dfrac{16}{9}\cos^2\theta + \cos^2\theta = 1$

$\dfrac{25}{9}\cos^2\theta - \dfrac{32}{9}\cos\theta + \dfrac{7}{9} = 0$

$25\cos^2\theta - 32\cos\theta + 7 = 0$

$(25\cos\theta - 7)(\cos\theta - 1) = 0$

$\therefore \cos\theta = \dfrac{7}{25}$ 또는 $\cos\theta = 1$

즉, $\alpha + \beta = \dfrac{7}{25} + 1$이므로

$25(\alpha + \beta) = 25\left(\dfrac{7}{25} + 1 \right) = 32$

$$\boxed{32}$$

07

$\begin{cases} \sin x + \cos y = 0 \\ \cos x + \sin y = 1 \end{cases}$ 에서 $\begin{cases} \sin x = -\cos y & ⋯⋯ ㉠ \\ \cos x = 1 - \sin y & ⋯⋯ ㉡ \end{cases}$

㉠, ㉡의 양변을 제곱하여 변끼리 더하면

$\sin^2 x + \cos^2 x = (-\cos y)^2 + (1 - \sin y)^2$

$1 = \cos^2 y + 1 - 2\sin y + \sin^2 y$

$0 = 1 - 2\sin y$

$\therefore \sin y = \dfrac{1}{2}$

이를 ㉡에 대입하면 $\cos x = 1 - \dfrac{1}{2} = \dfrac{1}{2}$

$0 \le x \le \pi$에서 $\sin x \ge 0$이므로

$\sin x = \sqrt{1 - \cos^2 x} = \sqrt{1 - \left(\dfrac{1}{2} \right)^2} = \dfrac{\sqrt{3}}{2}$

㉠에서 $\cos y = -\sin x = -\dfrac{\sqrt{3}}{2}$

이때, $\sin x = \dfrac{\sqrt{3}}{2}$, $\cos x = \dfrac{1}{2}$ $(0 \le x \le \pi)$이므로 $x = \dfrac{\pi}{3}$

$\therefore \alpha = \dfrac{\pi}{3}$

또한 $\sin y = \dfrac{1}{2}$, $\cos y = -\dfrac{\sqrt{3}}{2}$ $(0 \le y \le \pi)$이므로 $y = \dfrac{5}{6}\pi$

$\therefore \beta = \dfrac{5}{6}\pi$

$\therefore \alpha + \beta = \dfrac{\pi}{3} + \dfrac{5}{6}\pi = \dfrac{7}{6}\pi$

$$\boxed{①}$$

08

방정식 $3\sin^2 x + 2\cos x = k$가 실근을 가져야 하므로

$f(x) = 3\sin^2 x + 2\cos x$로 놓으면 함수 $y = f(x)$의 그래프와 직선 $y = k$의 교점이 존재한다.

$f(x) = 3\sin^2 x + 2\cos x$

$= 3(1 - \cos^2 x) + 2\cos x$

$= -3\left(\cos x - \dfrac{1}{3} \right)^2 + \dfrac{10}{3}$ (단, $-1 \le \cos x \le 1$)

함수 $f(x)$는 $\cos x = \dfrac{1}{3}$일 때 최댓값 $\dfrac{10}{3}$을 갖고, $\cos x = -1$일 때 최솟값 -2를 갖는다.

따라서 함수 $y = f(x)$의 그래프와 직선 $y = k$가 만나도록 하는 상수 k의 값의 범위는 $-2 \le k \le \dfrac{10}{3}$

$\therefore \alpha = -2$, $\beta = \dfrac{10}{3}$

$\therefore 30(\alpha + \beta) = 30 \times \left(-2 + \dfrac{10}{3} \right) = 40$

$$\boxed{40}$$

09

함수 $y = x^2 + 2x\sin\theta + 1$ $(0 \le \theta < 2\pi)$의 그래프와 직선 $y = x$의 교점을 각각 $A(a, a)$, $B(b, b)$ $(b > a)$라 하면

$\overline{AB} = \sqrt{(b-a)^2 + (b-a)^2} = \sqrt{2}(b-a)$

이때, a, b는 x에 대한 이차방정식 $x^2 + 2x\sin\theta + 1 = x$, 즉

$x^2 + (2\sin\theta - 1)x + 1 = 0$ ⋯⋯ ㉠

의 근이다.

㉠의 서로 다른 두 실근이 존재하므로 ㉠의 판별식을 D라 하면
$$D=(2\sin\theta-1)^2-4>0$$
$$4\sin^2\theta-4\sin\theta-3>0$$
$$(2\sin\theta+1)(2\sin\theta-3)>0$$
$$\therefore \sin\theta<-\frac{1}{2} \text{ 또는 } \sin\theta>\frac{3}{2}$$

그런데 $-1\le\sin\theta\le1$이므로 $-1\le\sin\theta<-\frac{1}{2}$

또한 ㉠에서 이차방정식의 근과 계수의 관계에 의하여
$a+b=1-2\sin\theta$, $ab=1$이므로
$$(b-a)^2=(a+b)^2-4ab$$
$$=(1-2\sin\theta)^2-4$$
$$=4\left(\sin\theta-\frac{1}{2}\right)^2-4\ \left(\text{단, } -1\le\sin\theta<-\frac{1}{2}\right)$$

즉, $(b-a)^2$은 $\sin\theta=-1$일 때 최댓값 $4\times\left(-1-\frac{1}{2}\right)^2-4=5$를
가지므로 $b-a$의 최댓값은 $\sqrt{5}$이고, $\overline{AB}=\sqrt{2}(b-a)$의 최댓값은
$\sqrt{2}\times\sqrt{5}=\sqrt{10}$
따라서 $M=\sqrt{10}$이므로 $M^2=(\sqrt{10})^2=10$ **답** 10

심화 유형 도전하기　　　　본문 32 ~ 33쪽

01 75　　**02** ⑤　　**03** 13　　**04** 30　　**05** 8　　**06** ②

01

$a=\cos x$, $b=\sin x$로 놓으면 $\sin^2 x+\cos^2 x=1$이고, $0\le x\le\pi$
에서 $-1\le a\le1$, $0\le b\le1$이므로
$a^2+b^2=1$ (단, $-1\le a\le1$, $0\le b\le1$)　　……㉠
따라서 점 $(a,\ b)$가 그리는 도형은 다음 그림과 같이 중심이 원점
이고 반지름의 길이가 1인 반원이다.

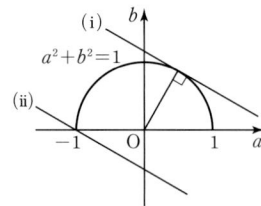

함수 $f(x)=\dfrac{\pi}{2\sqrt{3}}\sin x+\dfrac{\pi}{6}\cos x$의 값이 존재하려면

$\dfrac{\pi}{6}a+\dfrac{\pi}{2\sqrt{3}}b=k$　　……㉡

로 놓을 때, 직선 ㉡이 반원 ㉠과 만나야 한다.
(ⅰ) 반원 ㉠과 직선 ㉡이 한 점에서 접하는 경우
　　원점에서 직선 ㉡에 이르는 거리가 1이므로
$$\frac{|k|}{\sqrt{\left(\frac{\pi}{6}\right)^2+\left(\frac{\pi}{2\sqrt{3}}\right)^2}}=1$$에서 $k=\dfrac{\pi}{3}$ $(\because k>0)$

(ⅱ) 반원 ㉠과 직선 ㉡이 점 $(-1,\ 0)$에서 만나는 경우
$$k=-\frac{\pi}{6}$$
(ⅰ), (ⅱ)에서 직선 ㉡이 반원 ㉠과 만나도록 하는 k의 값의 범위는
$-\dfrac{\pi}{6}\le k\le\dfrac{\pi}{3}$, 즉 $-\dfrac{\pi}{6}\le f(x)\le\dfrac{\pi}{3}$

$f(x)=t$로 놓으면 $-\dfrac{\pi}{6}\le t\le\dfrac{\pi}{3}$이고
$$g(f(x))=g(t)$$
$$=\cos^2 t+\sin t+3$$
$$=(1-\sin^2 t)+\sin t+3$$
$$=-\left(\sin t-\frac{1}{2}\right)^2+\frac{17}{4}\ \left(\text{단, } -\frac{1}{2}\le\sin t\le\frac{\sqrt{3}}{2}\right)$$

따라서 함수 $g(f(x))$는 $\sin t=\dfrac{1}{2}$일 때, 최댓값 $\dfrac{17}{4}$을 가지고,

$\sin=-\dfrac{1}{2}$일 때 최솟값 $\dfrac{13}{4}$을 가지므로

$M=\dfrac{17}{4}$, $m=\dfrac{13}{4}$

$\therefore 10(M+m)=10\times\left(\dfrac{17}{4}+\dfrac{13}{4}\right)=75$　　**답** 75

02

함수 $f(x)=\cos x\ (0<x<\pi)$의 역함수가 $g(x)$이므로 주어진
방정식은
$$\frac{1}{1-\sin g(x)}+\frac{1}{1+\sin g(x)}=x+3$$
$$\frac{\{1+\sin g(x)\}+\{1-\sin g(x)\}}{\{1-\sin g(x)\}\{1+\sin g(x)\}}=x+3$$
$$\frac{2}{1-\sin^2 g(x)}=x+3,\ \frac{2}{\cos^2 g(x)}=x+3$$
$$\frac{2}{\{f(g(x))\}^2}=x+3,\ \frac{2}{x^2}=x+3$$
$$x^3+3x^2-2=0,\ (x+1)(x^2+2x-2)=0$$
$$\therefore x=-1 \text{ 또는 } x=-1\pm\sqrt{3}$$
그런데 함수 $f(x)$의 치역이 $\{y\,|-1<y<1\}$이므로 함수 $g(x)$의
정의역은 $\{x\,|-1<x<1\}$이다. 즉, $g(-1)$, $g(-1-\sqrt{3})$은 정의
되지 않는다.
따라서 주어진 방정식의 해는 $x=-1+\sqrt{3}$뿐이므로 모든 실근의
합도 $-1+\sqrt{3}$이다.　　**답** ⑤

03

$0\le x\le\pi$에서 $-1\le\cos\pi x\le1$, 즉 $-\pi\le\pi\cos\pi x\le\pi$이므로
$f(x)=\sin(\pi\cos\pi x)=0$에서
$\pi\cos\pi x=-\pi$ 또는 $\pi\cos\pi x=0$ 또는 $\pi\cos\pi x=\pi$
즉, $\cos\pi x=-1$ 또는 $\cos\pi x=0$ 또는 $\cos\pi x=1$　　……㉠
오른쪽 그림과 같이 함수 $y=\cos\pi x$
의 그래프를 그리면 $0\le x\le\pi$에서 ㉠
을 만족시키는 x의 값은
0, $\dfrac{1}{2}$, 1, $\dfrac{3}{2}$, 2, $\dfrac{5}{2}$, 3
즉, 방정식 $f(x)=0$ $(0\le x\le\pi)$의
실근의 개수는 7이다.

또한 $0 \le x \le \pi$에서 $-1 \le \sin \pi x \le 1$, 즉
$-\pi \le \pi \sin \pi x \le \pi$이므로 $g(x) = \cos(\pi \sin \pi x) = 0$에서
$\pi \sin \pi x = -\dfrac{\pi}{2}$ 또는 $\pi \sin \pi x = \dfrac{\pi}{2}$

즉, $\sin \pi x = -\dfrac{1}{2}$ 또는 $\sin \pi x = \dfrac{1}{2}$ $\qquad$ …… ㉡

오른쪽 그림과 같이 함수
$y = \sin \pi x$의 그래프를 그리면
$0 \le x \le \pi$에서 ㉡을 만족시키는 x
의 값은

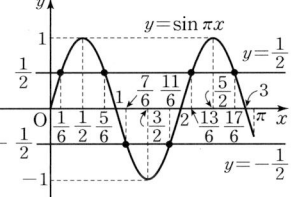

$\dfrac{1}{6}, \ \dfrac{5}{6}, \ \dfrac{7}{6}, \ \dfrac{11}{6}, \ \dfrac{13}{6}, \ \dfrac{17}{6}$

즉, 방정식 $g(x) = 0 \ (0 \le x \le \pi)$의 실근의 개수는 6이다.
$f(x) = 0$, $g(x) = 0$의 실근이 중복되지 않으므로
방정식 $f(x)g(x) = 0 \ (0 \le x \le \pi)$의 서로 다른 실근의 개수는
$7 + 6 = 13$ $\qquad\qquad$ 🄰 13

04

$x = \cos\theta$, $y = \sin\theta$로 놓으면 $\cos^2\theta + \sin^2\theta = 1$이고,
$0 \le \theta \le \dfrac{\pi}{2}$에서 $0 \le \cos\theta \le 1$, $0 \le \sin\theta \le 1$이므로
$x^2 + y^2 = 1$ (단, $0 \le x \le 1$, $0 \le y \le 1$) $\qquad$ …… ㉠
또한 $\sin\theta + k\cos\theta = 2$에서 $y + kx = 2$
$\therefore y = -kx + 2$ $\qquad\qquad$ …… ㉡
방정식 $\sin\theta + k\cos\theta = 2 \left(0 \le \theta \le \dfrac{\pi}{2}\right)$가 실근을 가지려면 원의
일부 ㉠과 직선 ㉡의 교점이 존재해야 한다.
이때, 직선 ㉡은 k의 값에 관계없이 항상
점 $A(0, 2)$를 지나고 기울기가 $-k$인
직선이다.

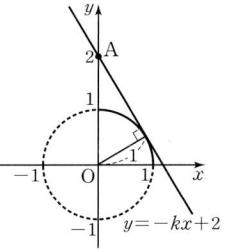

따라서 직선 ㉡의 기울기 $-k$가 최대일
때, k의 값이 최소가 되고, 오른쪽 그림
과 같이 조건을 만족시키면서 직선 ㉡의
기울기가 최대가 되는 것은 원의 일부 ㉠
과 직선 ㉡이 접할 때이다. 즉, 원점 O와 직선 ㉡ 사이의 거리가
원의 반지름의 길이와 같으므로
$\dfrac{|-2|}{\sqrt{k^2+1}} = 1$, $2 = \sqrt{k^2+1}$
$k^2 + 1 = 4$, $k^2 = 3$
$\therefore k = \sqrt{3} \ (\because -k < 0, \ \text{즉} \ k > 0)$
따라서 k의 최솟값은 $\sqrt{3}$이므로 $m = \sqrt{3}$
$\therefore 10m^2 = 10 \times (\sqrt{3})^2 = 30$ $\qquad\qquad$ 🄰 30

05

$0 \le x < 2\pi$에서 $-1 \le \sin x \le 1$, 즉 $-2 \le 2\sin x \le 2$이므로
$2\sin x = t$로 놓으면 $-2 \le t \le 2$이고, $f(2\sin x) - 1 = 0$에서
$f(t) - 1 = 0$ $\qquad \therefore f(t) = 1$ (단, $-2 \le t \le 2$) $\qquad$ …… ㉠

다음 그림과 같이 ㉠을 만족시키는 실수 t의 개수는
$\alpha, \beta, \gamma, \omega \ (\alpha < \beta < 0 < \gamma < \omega)$의 4이다.

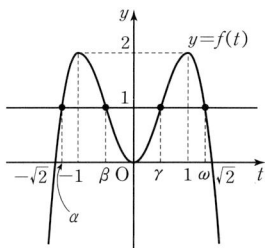

즉, $2\sin x = \alpha$ 또는 $2\sin x = \beta$
$\qquad\qquad$ 또는 $2\sin x = \gamma$ 또는 $2\sin x = \omega$
이때, $-\sqrt{2} < \alpha < -1 < \beta < 0 < \gamma < 1 < \omega < \sqrt{2}$이므로 함수
$y = 2\sin x \ (0 \le x < 2\pi)$의 그래프와 네 직선 $y = \alpha$, $y = \beta$, $y = \gamma$,
$y = \omega$의 교점의 개수는 다음 그림과 같이 모두 8이다.

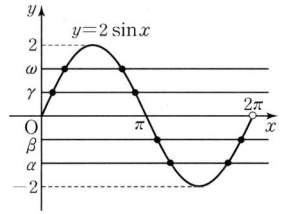

따라서 방정식 $f(2\sin x) - 1 = 0 \ (0 \le x < 2\pi)$의 서로 다른 실근
의 개수는 8이다. $\qquad\qquad$ 🄰 8

06

$[x]$의 값은 정수이므로
$\left[\dfrac{1}{2} + \log_2 \sin x\right]^2 + \left[\dfrac{1}{2} - \log_2 \cos y\right]^2 = 1$을 만족시키는
$\left[\dfrac{1}{2} + \log_2 \sin x\right]$, $\left[\dfrac{1}{2} - \log_2 \cos y\right]$의 값은 -1 또는 0 또는 1이
다.
$\left[\dfrac{1}{2} + \log_2 \sin x\right] = 1$이면 $1 \le \dfrac{1}{2} + \log_2 \sin x < 2$에서
$\dfrac{1}{2} \le \log_2 \sin x < \dfrac{3}{2}$, 즉 $\sqrt{2} \le \sin x < 2\sqrt{2}$
이므로 이를 만족시키는 x의 값은 존재하지 않는다.
$\left[\dfrac{1}{2} - \log_2 \cos y\right] = -1$이면 $-1 \le \dfrac{1}{2} - \log_2 \cos y < 0$에서
$\dfrac{1}{2} < \log_2 \cos y \le \dfrac{3}{2}$, 즉 $\sqrt{2} < \cos y \le 2\sqrt{2}$
이므로 이를 만족시키는 y의 값은 존재하지 않는다.

(ⅰ) $\left[\dfrac{1}{2} + \log_2 \sin x\right] = 0$, $\left[\dfrac{1}{2} - \log_2 \cos y\right] = 1$인 경우

$\quad 0 \le \dfrac{1}{2} + \log_2 \sin x < 1$에서 $-\dfrac{1}{2} \le \log_2 \sin x < \dfrac{1}{2}$

$\quad \dfrac{1}{\sqrt{2}} \le \sin x < \sqrt{2}$

$\quad \therefore \dfrac{\pi}{4} \le x \le \dfrac{3}{4}\pi$

$\quad 1 \le \dfrac{1}{2} - \log_2 \cos y < 2$에서 $-\dfrac{3}{2} < \log_2 \cos y \le -\dfrac{1}{2}$

$\quad \dfrac{1}{2\sqrt{2}} < \cos y \le \dfrac{1}{\sqrt{2}}$

$\quad \therefore \dfrac{\pi}{4} \le y < \alpha$ 또는 $2\pi - \alpha < y \le \dfrac{7}{4}\pi \left(\because \cos\alpha = \dfrac{1}{2\sqrt{2}}\right)$

즉, 이 경우에 $x+y$의 최댓값은 $x=\dfrac{3}{4}\pi$, $y=\dfrac{7}{4}\pi$일 때,

$\dfrac{3}{4}\pi+\dfrac{7}{4}\pi=\dfrac{5}{2}\pi$이다.

(ii) $\left[\dfrac{1}{2}+\log_2 \sin x\right]=-1$, $\left[\dfrac{1}{2}-\log_2 \cos y\right]=0$인 경우

$-1\le \dfrac{1}{2}+\log_2 \sin x<0$에서 $-\dfrac{3}{2}\le \log_2 \sin x<-\dfrac{1}{2}$

$\dfrac{1}{2\sqrt{2}}\le \sin x<\dfrac{1}{\sqrt{2}}$

이때, $\sin \beta=\dfrac{1}{2\sqrt{2}}$이라 하면 $\cos \alpha=\dfrac{1}{2\sqrt{2}}$이고, 두 함수

$y=\sin x$, $y=\cos x$의 그래프는 직선 $x=\dfrac{\pi}{4}$에 대하여 대칭이

므로

$\alpha+\beta=\dfrac{\pi}{2}$, 즉 $\beta=\dfrac{\pi}{2}-\alpha$

$\therefore \dfrac{\pi}{2}-\alpha\le x<\dfrac{\pi}{4}$ 또는 $\dfrac{3}{4}\pi<x\le \dfrac{\pi}{2}+\alpha$

$0\le \dfrac{1}{2}-\log_2 \cos y<1$에서 $-\dfrac{1}{2}<\log_2 \cos y\le \dfrac{1}{2}$

$\dfrac{1}{\sqrt{2}}<\cos y\le \sqrt{2}$

$\therefore 0\le y<\dfrac{\pi}{4}$ 또는 $\dfrac{7}{4}\pi<y\le 2\pi$

즉, 이 경우에 $x+y$의 최댓값은 $x=\dfrac{\pi}{2}+\alpha$, $y=2\pi$일 때,

$\left(\dfrac{\pi}{2}+\alpha\right)+2\pi=\dfrac{5}{2}\pi+\alpha$이다.

(i), (ii)에서 $x+y$의 최댓값은 $\dfrac{5}{2}\pi+\alpha$이다.　　　**답 ②**

---

03 삼각함수의 활용

개념 & 대표 유형 짚어보기　　　　　본문 **34 ~ 35**쪽

01 ⑤　　**02** ①　　**03** 32　　**04** 5　　**05** ④　　**06** 7

07 ②　　**08** ①　　**09** 35

01

$\overline{PB}=\overline{PQ}$이므로 $\overparen{PB}=\overparen{PQ}$

따라서 $\angle PAB=\angle PAQ=\theta$이고, 원주각의 성질에 의하여

$\angle PQB=\angle PAB=\angle PAQ=\angle QBP=\theta$, $\angle APB=90°$

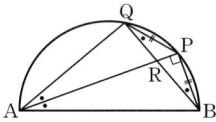

직각삼각형 ABP에서 $\overline{PB}=2\sin \theta$이므로 직각삼각형 BPR에서

$\tan \theta=\dfrac{\overline{PR}}{\overline{PB}}$, 즉 $\overline{PR}=\overline{PB}\times \tan \theta=2\sin \theta \tan \theta$

삼각형 PQR의 외접원의 반지름의 길이를 r라 하면 사인법칙에 의

하여

$\dfrac{\overline{PR}}{\sin \theta}=2r$

$\therefore r=\dfrac{\overline{PR}}{2\sin \theta}=\dfrac{2\sin \theta \tan \theta}{2\sin \theta}=\tan \theta$　　　　**답 ⑤**

02

오른쪽 그림과 같이 두 선분 AC, $A'B'$의

교점을 F라 하고, $\overline{AF}=a$, $\overline{EF}=b$라 하면

$\angle B'CF=15°$이므로 $\angle B'FC=75°$

$\angle FAE=45°$이므로 $\angle AEF=60°$

따라서 삼각형 AFE에서 사인법칙에 의하여

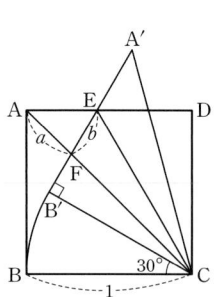

$\dfrac{b}{\sin 45°}=\dfrac{a}{\sin 60°}$, 즉 $a=\dfrac{\sqrt{6}}{2}b$

또한 삼각형 AFE의 점 F에서 선분 AE에

내린 수선의 발을 H라 하면

$\overline{AE}=\overline{AH}+\overline{EH}$

$\quad\quad =a\cos 45°+b\cos 60°$

$\quad\quad =\dfrac{\sqrt{6}}{2}b\times \dfrac{\sqrt{2}}{2}+b\times \dfrac{1}{2}$

$\quad\quad =\dfrac{1+\sqrt{3}}{2}b$　　　　　　　$\cdots\cdots$ ㉠

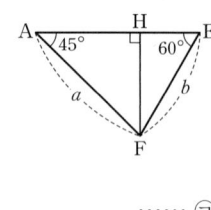

두 삼각형 ACE, $A'CE$는 합동이므로 $\overline{AE}=\overline{A'E}$

$\therefore \overline{B'F}=\overline{B'A'}-\overline{FA'}=\overline{B'A'}-(\overline{AE}+\overline{EF})=1-\dfrac{3+\sqrt{3}}{2}b$

$\overline{CF}=\overline{AC}-\overline{AF}=\sqrt{2}-a=\sqrt{2}-\dfrac{\sqrt{6}}{2}b$이므로

직각삼각형 $B'CF$에서

$\left(\sqrt{2}-\dfrac{\sqrt{6}}{2}b\right)^2=\left(1-\dfrac{3+\sqrt{3}}{2}b\right)^2+1^2$

$2-2\sqrt{3}b+\dfrac{6}{4}b^2=1-(3+\sqrt{3})b+\dfrac{12+6\sqrt{3}}{4}b^2+1$

$\dfrac{6+6\sqrt{3}}{4}b^2=(3-\sqrt{3})b$에서 $b=\dfrac{2(3-\sqrt{3})}{3(1+\sqrt{3})}$ $(\because b>0)$

㉠에서 $\overline{\rm AE}=\dfrac{1+\sqrt{3}}{2}b=\dfrac{1+\sqrt{3}}{2}\times\dfrac{2(3-\sqrt{3})}{3(1+\sqrt{3})}=\dfrac{3-\sqrt{3}}{3}$

/ 다른 풀이 /

오른쪽 그림과 같이 점 B′을 지나면서 선분 AB와 평행한 직선이 두 선분 AD, BC와 만나는 점을 각각 F, G라 하면 $\overline{\rm B'C}=1$이므로

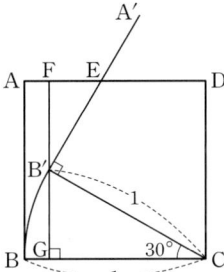

$\overline{\rm B'G}=\sin 30°=\dfrac{1}{2}$, $\overline{\rm FB'}=1-\overline{\rm B'G}=\dfrac{1}{2}$,

$\overline{\rm CG}=\cos 30°=\dfrac{\sqrt{3}}{2}$,

$\overline{\rm BG}=1-\overline{\rm CG}=1-\dfrac{\sqrt{3}}{2}$

한편, $\angle{\rm GB'C}+\angle{\rm CB'E}+\angle{\rm EB'F}=180°$이므로

$\angle{\rm EB'F}=180°-(60°+90°)=30°$

$\therefore \overline{\rm FE}=\overline{\rm FB'}\tan 30°=\dfrac{1}{2}\times\dfrac{\sqrt{3}}{3}=\dfrac{\sqrt{3}}{6}$

$\therefore \overline{\rm AE}=\overline{\rm AF}+\overline{\rm FE}=\overline{\rm BG}+\overline{\rm FE}$

$=1-\dfrac{\sqrt{3}}{2}+\dfrac{\sqrt{3}}{6}=\dfrac{3-\sqrt{3}}{3}$ **🔒 ①**

03

$\overline{\rm O_1O_2}=3$, $\overline{\rm O_2O_3}=r(\theta)+2$, $\overline{\rm O_1O_3}=r(\theta)+1$이므로 코사인법칙에 의하여

$\{r(\theta)+1\}^2=3^2+\{r(\theta)+2\}^2-2\times3\times\{r(\theta)+2\}\times\cos\theta$

$2r(\theta)+1=13-12\cos\theta-(6\cos\theta-4)r(\theta)$

$2(3\cos\theta-1)r(\theta)=12(1-\cos\theta)$

$\therefore r(\theta)=\dfrac{6(1-\cos\theta)}{3\cos\theta-1}$

$r(\theta)>0$이므로 $3\cos\theta-1>0$에서

$\cos\theta>\dfrac{1}{3}$

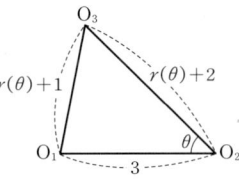

이때, $0<\cos\theta<1$이므로 $\dfrac{1}{3}<\cos\theta<1$

방정식 $r(\theta)=-6\cos\theta+k$에서

$\dfrac{6(1-\cos\theta)}{3\cos\theta-1}=-6\cos\theta+k$

$\cos\theta=t$로 놓으면 $\dfrac{1}{3}<t<1$이고 방정식 $\dfrac{6(1-t)}{3t-1}=-6t+k$의

실근은 곡선 $y=\dfrac{6(1-t)}{3t-1}=\dfrac{4}{3t-1}-2$와 직선 $y=-6t+k$의 교점의 t좌표이므로 주어진 방정식이 실근을 갖도록 하는 실수 k의 최솟값은 다음 그림과 같이 곡선 $y=\dfrac{6(1-t)}{3t-1}$와 직선 $y=-6t+k$가 접할 때의 k의 값이다.

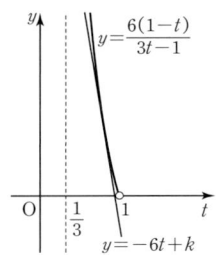

$\dfrac{6(1-t)}{3t-1}=-6t+k$에서 $\dfrac{1-t}{3t-1}=-t+\dfrac{k}{6}$

$1-t=-3t^2+\dfrac{k}{2}t+t-\dfrac{k}{6}$

$3t^2-\left(2+\dfrac{k}{2}\right)t+1+\dfrac{k}{6}=0$ ......㉠

㉠의 판별식을 D라 하면 $D=0$에서

$\left(2+\dfrac{k}{2}\right)^2-12\left(1+\dfrac{k}{6}\right)=0$, $\dfrac{k^2}{4}+2k+4-12-2k=0$

$\dfrac{k^2}{4}=8$ $\therefore k=4\sqrt{2}$ $(\because k>0)$

따라서 주어진 방정식이 실근을 갖도록 하는 실수 k의 최솟값은 $m=4\sqrt{2}$이므로 $m^2=32$이다. **🔒 32**

04

$\angle{\rm POR}=\theta$라 하면 삼각형 OPQ에서 $\angle{\rm OPQ}=90°$이므로

$\tan\theta=\dfrac{\overline{\rm PQ}}{\overline{\rm OP}}=\overline{\rm PQ}$이므로 $\overline{\rm QR}=\overline{\rm QP}=\tan\theta$

$\angle{\rm PQR}=\dfrac{\pi}{2}-\theta$이므로 삼각형 QPR에서 코사인법칙에 의하여

$\overline{\rm PR}=\sqrt{(\tan\theta)^2+(\tan\theta)^2-2\times\tan\theta\times\tan\theta\times\cos\left(\dfrac{\pi}{2}-\theta\right)}$

$=\sqrt{2\tan^2\theta(1-\sin\theta)}=\sqrt{\dfrac{2\sin^2\theta}{\cos^2\theta}\times(1-\sin\theta)}$

$=\sqrt{\dfrac{2\sin^2\theta}{1-\sin^2\theta}\times(1-\sin\theta)}=\sqrt{\dfrac{2\sin^2\theta}{1+\sin\theta}}$

삼각형 POR의 외접원의 반지름의 길이가 $\dfrac{\sqrt{13}}{6}$이므로 삼각형 POR에서 사인법칙에 의하여

$\dfrac{\overline{\rm PR}}{\sin\theta}=2\times\dfrac{\sqrt{13}}{6}$, 즉 $\dfrac{\sqrt{\dfrac{2\sin^2\theta}{1+\sin\theta}}}{\sin\theta}=\dfrac{\sqrt{13}}{3}$에서

$\sqrt{\dfrac{2}{1+\sin\theta}}=\dfrac{\sqrt{13}}{3}$, $\dfrac{2}{1+\sin\theta}=\dfrac{13}{9}$

$1+\sin\theta=\dfrac{18}{13}$, $\sin\theta=\dfrac{5}{13}$

$\therefore \cos\theta=\sqrt{1-\sin^2\theta}=\sqrt{1-\left(\dfrac{5}{13}\right)^2}=\dfrac{12}{13}$

$\therefore 12\tan(\angle{\rm POR})=12\tan\theta$

$=12\times\dfrac{\sin\theta}{\cos\theta}=12\times\dfrac{\dfrac{5}{13}}{\dfrac{12}{13}}=5$ **🔒 5**

05

선분 $\rm O_3A$는 $\angle{\rm O_1O_3O_2}$의 이등분선이고, $\overline{\rm O_1A}:\overline{\rm AO_2}=2:1$이므로 $\overline{\rm O_3O_1}:\overline{\rm O_3O_2}=2:1$

원 C_3의 반지름의 길이를 r라 하면

$\overline{\rm O_1O_2}=2$, $\overline{\rm O_3O_2}=3-r$, $\overline{\rm O_3O_1}=1+r$

이므로

$(1+r):(3-r)=2:1$에서

$1+r=6-2r$

$\therefore r=\dfrac{5}{3}$

$\angle O_3 O_1 A = \theta$, $\overline{O_3 A} = x$로 놓으면

$\overline{O_1 A} = \dfrac{4}{3}$, $\overline{O_3 O_1} = \dfrac{8}{3}$이므로 삼각형 $O_3 O_1 A$에서 코사인법칙에 의하여

$$\cos \theta = \dfrac{\left(\dfrac{8}{3}\right)^2 + x^2 - \left(\dfrac{4}{3}\right)^2}{2 \times \dfrac{8}{3} \times x} \qquad \cdots\cdots \text{㉠}$$

$\overline{O_2 A} = \dfrac{2}{3}$, $\overline{O_3 O_2} = \dfrac{4}{3}$, $\angle O_2 O_3 A = \theta$이므로 삼각형 $O_3 A O_2$에서 코사인법칙에 의하여

$$\cos \theta = \dfrac{\left(\dfrac{4}{3}\right)^2 + x^2 - \left(\dfrac{2}{3}\right)^2}{2 \times \dfrac{4}{3} \times x} \qquad \cdots\cdots \text{㉡}$$

㉠과 ㉡에서

$$\left(\dfrac{8}{3}\right)^2 + x^2 - \left(\dfrac{4}{3}\right)^2 = 2\left\{ \left(\dfrac{4}{3}\right)^2 + x^2 - \left(\dfrac{2}{3}\right)^2 \right\}$$

$x^2 = \dfrac{24}{9}$ $\therefore x = \dfrac{2\sqrt{6}}{3}$

따라서 선분 $O_3 A$의 길이는 $\dfrac{2\sqrt{6}}{3}$이다.　　　　**답** ④

06

점 O_1을 원점으로 하고 직선 $O_1 O_2$를 x축의 양의 방향으로 놓으면 다음 그림과 같다.

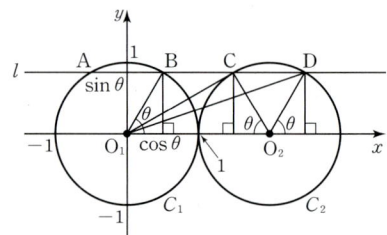

$\angle B O_1 O_2 = \theta$라 하면 점 B의 좌표는 $B(\cos \theta, \sin \theta)$이고, 원 C_2의 방정식은 $(x-2)^2 + y^2 = 1$이므로 $y = \sin \theta$일 때,

$(x-2)^2 + \sin^2 \theta = 1$에서 $(x-2)^2 = 1 - \sin^2 \theta = \cos^2 \theta$

$\therefore x = 2 \pm \cos \theta$

따라서 두 점 C, D의 좌표는 각각 $C(2 - \cos \theta, \sin \theta)$, $D(2 + \cos \theta, \sin \theta)$이므로

$\overline{BC} = (2 - \cos \theta) - \cos \theta = 2 - 2\cos \theta$

$\overline{CD} = (2 + \cos \theta) - (2 - \cos \theta) = 2\cos \theta$

$\overline{BC} = \overline{CD}$이므로 $2 - 2\cos \theta = 2\cos \theta$에서 $\cos \theta = \dfrac{1}{2}$

$\therefore \theta = 60°$ ($\because 0° < \theta < 90°$)

삼각형 $O_1 O_2 C$에서 $\overline{O_1 O_2} = 2$, $\overline{O_2 C} = 1$, $\angle O_1 O_2 C = 60°$이므로 삼각형 $O_1 O_2 C$는 $\angle O_1 C O_2 = 90°$인 직각삼각형이다.

삼각형 $O_1 O_2 D$에서 $\angle O_1 O_2 D = 120°$이므로 코사인법칙에 의하여

$\overline{O_1 D} = \sqrt{2^2 + 1^2 - 2 \times 2 \times 1 \times \cos 120°} = \sqrt{7}$

삼각형 $O_2 CD$는 정삼각형이므로 $\angle O_1 CD = 150°$

삼각형 $C O_1 D$의 외접원의 반지름의 길이가 R이므로 삼각형 $C O_1 D$에서 사인법칙에 의하여

$\dfrac{\overline{O_1 D}}{\sin 150°} = 2R$에서 $R = \dfrac{\sqrt{7}}{2 \times \dfrac{1}{2}} = \sqrt{7}$ $\therefore R^2 = 7$

／ 다른 풀이 ／

$\overline{AB} = \overline{BC} = \overline{CD} = 2a$라 하면

$\overline{O_1 O_2} = \dfrac{1}{2}\overline{AB} + \overline{BC} + \dfrac{1}{2}\overline{CD} = 4a = 2$에서 $a = \dfrac{1}{2}$

$\therefore \overline{AB} = \overline{BC} = \overline{CD} = 1$

두 삼각형 $O_1 AB$, $O_2 CD$는 한 변의 길이가 1인 정삼각형이므로

$\angle B O_1 O_2 = \angle C O_2 O_1 = 60°$

삼각형 $O_1 O_2 C$에서 $\overline{O_1 O_2} = 2$, $\overline{O_2 C} = 1$, $\angle O_1 O_2 C = 60°$이므로 삼각형 $O_1 O_2 C$는 $\angle O_1 C O_2 = 90°$인 직각삼각형이다.

삼각형 $O_1 O_2 D$에서 $\angle O_1 O_2 D = 120°$이므로 코사인법칙에 의하여

$\overline{O_1 D} = \sqrt{2^2 + 1^2 - 2 \times 2 \times 1 \times \cos 120°} = \sqrt{7}$

삼각형 $O_2 CD$는 정삼각형이므로 $\angle O_1 CD = 150°$

삼각형 $C O_1 D$의 외접원의 반지름의 길이가 R이므로 삼각형 $C O_1 D$에서 사인법칙에 의하여

$\dfrac{\overline{O_1 D}}{\sin 150°} = 2R$에서 $R = \dfrac{\sqrt{7}}{2 \times \dfrac{1}{2}} = \sqrt{7}$

$\therefore R^2 = 7$　　　　**답** 7

07

$\angle ACB = \theta$라 하면 삼각형 ABC의 넓이는

$\dfrac{1}{2} \times \overline{CA} \times \overline{CB} \times \sin \theta = \dfrac{1}{2} \times 2 \times 2 \times \sin \theta = 2 \sin \theta$

$2 \sin \theta = \sqrt{3}$에서 $\sin \theta = \dfrac{\sqrt{3}}{2}$

$\therefore \theta = \dfrac{\pi}{3}$ 또는 $\dfrac{2}{3}\pi$

따라서 조건을 만족시키는 직선 $y = mx$는 오른쪽 그림과 같다.

이때, 점 $C(2, 2)$에서 직선 $y = m_3 x$, 즉 $m_3 x - y = 0$에 이르는 거리를 k라 하면 $\cos \dfrac{\pi}{3} = \dfrac{k}{\overline{BC}} = \dfrac{1}{2}$

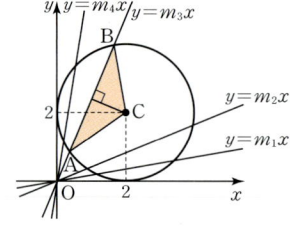

따라서 $k = 1$이므로

$\dfrac{|2m_3 - 2|}{\sqrt{m_3^2 + 1}} = 1$에서

$4m_3^2 - 8m_3 + 4 = m_3^2 + 1$

$3m_3^2 - 8m_3 + 3 = 0$

$\therefore m_3 = \dfrac{4 + \sqrt{7}}{3}$ ($\because m_3 > 1$)　　　　**답** ②

08

$\overline{BP} = a \left(0 < a < \dfrac{1}{2}\right)$라 하면 $\overline{PC} = 1 - a$이고, 삼각형 ABC의 넓이는 $\dfrac{1}{2}$이므로 삼각형 PCQ의 넓이는 $\dfrac{1}{4}$이다. 즉,

$\dfrac{1}{2} \times \overline{PC} \times \overline{QC} \times \sin \dfrac{\pi}{4} = \dfrac{1}{4}$에서 $\dfrac{1}{2} \times (1-a) \times \overline{QC} \times \dfrac{\sqrt{2}}{2} = \dfrac{1}{4}$

$\therefore \overline{QC} = \dfrac{1}{\sqrt{2}(1-a)}$

삼각형 PCQ에서 코사인법칙과 산술평균과 기하평균 사이의 관계에 의하여

$$\overline{\mathrm{PQ}}^2 = (1-a)^2 + \frac{1}{2(1-a)^2} - 2 \times (1-a) \times \frac{1}{\sqrt{2}(1-a)} \times \cos \frac{\pi}{4}$$

$$= (1-a)^2 + \frac{1}{2(1-a)^2} - 1$$

$$\geq 2\sqrt{(1-a)^2 \times \frac{1}{2(1-a)^2}} - 1$$

$$= \sqrt{2} - 1 \left(\text{단, } (1-a)^2 = \frac{1}{2(1-a)^2} \text{일 때, 등호가 성립한다.} \right)$$

즉, $\overline{\mathrm{P'Q'}}^2 = \sqrt{2} - 1$이므로 삼각형 P'Q'C에서 사인법칙에 의하여

$$\frac{\overline{\mathrm{P'Q'}}}{\sin \frac{\pi}{4}} = 2R$$

$$\therefore R^2 = \frac{\sqrt{2}-1}{\left(2 \times \frac{\sqrt{2}}{2}\right)^2} = \frac{\sqrt{2}-1}{2}$$

답 ①

09

다음 그림과 같이 점 O에서 직선 l에 내린 수선의 발을 I라 하고 $\overline{\mathrm{IC}} = a$라 하면 $\overline{\mathrm{CD}} = 2a$

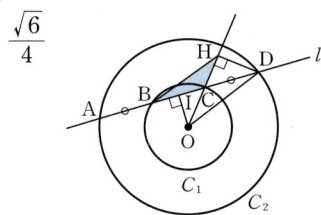

직각삼각형 OCI에서 $\overline{\mathrm{OI}} = \sqrt{1^2 - a^2}$

직각삼각형 ODI에서 $\overline{\mathrm{OI}} = \sqrt{2^2 - (3a)^2}$

$1 - a^2 = 4 - 9a^2$에서 $a = \frac{\sqrt{6}}{4}$

$$\therefore \overline{\mathrm{IC}} = \frac{\sqrt{6}}{4}, \ \overline{\mathrm{CD}} = \frac{\sqrt{6}}{2}$$

두 삼각형 OCI, DCH는 닮음이므로

$\overline{\mathrm{OC}} : \overline{\mathrm{DC}} = \overline{\mathrm{CI}} : \overline{\mathrm{CH}}$에서 $1 : 2a = a : \overline{\mathrm{CH}}$

$$\therefore \overline{\mathrm{CH}} = 2a^2 = 2 \times \left(\frac{\sqrt{6}}{4}\right)^2 = \frac{3}{4}$$

삼각형 ODC에서 $\angle \mathrm{OCD} = \theta$로 놓으면 $\overline{\mathrm{OC}} = 1$, $\overline{\mathrm{CD}} = \frac{\sqrt{6}}{2}$, $\overline{\mathrm{OD}} = 2$이므로 코사인법칙에 의하여

$$\cos \theta = \frac{1 + \frac{6}{4} - 4}{2 \times 1 \times \frac{\sqrt{6}}{2}} = -\frac{\sqrt{6}}{4}$$

$$\therefore \sin \theta = \sqrt{1 - \cos^2 \theta} = \sqrt{1 - \left(-\frac{\sqrt{6}}{4}\right)^2} = \frac{\sqrt{10}}{4} \ (\because 0° < \theta < 180°)$$

따라서 삼각형 BCH의 넓이는

$$\frac{1}{2} \times \overline{\mathrm{CB}} \times \overline{\mathrm{CH}} \times \sin \theta = \frac{1}{2} \times \frac{\sqrt{6}}{2} \times \frac{3}{4} \times \frac{\sqrt{10}}{4} = \frac{3\sqrt{15}}{32}$$

따라서 $p = 32$, $q = 3$이므로

$p + q = 35$

답 35

01 3   **02** ②   **03** ⑤   **04** 8   **05** 91   **06** ①

01

주어진 정사면체 모양의 구조물 A−BCD의 옆면의 전개도에서 꼭짓점 B에서 점 M까지 최단 거리를 나타내면 다음 그림의 선분 BM의 길이와 같다.

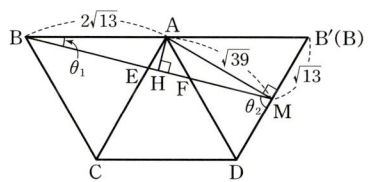

이때, 한 모서리의 길이가 $2\sqrt{13}$이므로

$\overline{\mathrm{B'M}} = \sqrt{13}$, $\overline{\mathrm{AM}} = \sqrt{39}$

삼각형 ABM에서 코사인법칙에 의하여

$$\overline{\mathrm{BM}}^2 = (2\sqrt{13})^2 + (\sqrt{39})^2 - 2 \times 2\sqrt{13} \times \sqrt{39} \cos 150°$$

$$= 52 + 39 + 78 = 169$$

$\therefore \overline{\mathrm{BM}} = 13$

한편, 점 A에서 선분 BM에 내린 수선의 발을 H, $\overline{\mathrm{HM}} = x$라 하면 $\overline{\mathrm{BH}} = 13 - x$이므로

직각삼각형 AHM에서 $\overline{\mathrm{AH}} = \sqrt{(\sqrt{39})^2 - x^2}$

직각삼각형 ABH에서 $\overline{\mathrm{AH}} = \sqrt{(2\sqrt{13})^2 - (13-x)^2}$

$39 - x^2 = 52 - (169 - 26x + x^2)$

$26x = 156$

$\therefore x = 6$

즉, $\overline{\mathrm{HM}} = 6$, $\overline{\mathrm{BH}} = 7$, $\overline{\mathrm{AH}} = \sqrt{3}$이므로 $\angle \mathrm{AMF} = \theta$라 하면

$$13 \sin \theta_1 \sin \theta_2 = 13 \times \frac{\sqrt{3}}{2\sqrt{13}} \times \sin(90° - \theta)$$

$$= \frac{13\sqrt{3}}{2\sqrt{13}} \times \cos \theta$$

$$= \frac{13\sqrt{3}}{2\sqrt{13}} \times \frac{6}{\sqrt{39}} = 3$$

답 3

02

선분 AD의 연장선이 반원과 만나는 점을 E라 하자. 점 O가 삼각형 ABC의 내심이므로 $\angle \mathrm{BAD} = \angle \mathrm{CAD}$이고, 원주각의 성질에 의하여

$\angle \mathrm{CBE} = \angle \mathrm{CAE} = \angle \mathrm{BAE} = \theta$

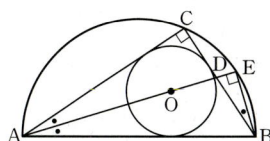

직각삼각형 ABE에서 $\overline{\mathrm{BE}} = 2 \sin \theta$, $\overline{\mathrm{AE}} = 2 \cos \theta$

직각삼각형 BED에서

$\cos \theta = \frac{\overline{\mathrm{BE}}}{\overline{\mathrm{BD}}}$, 즉 $\overline{\mathrm{BD}} = \frac{\overline{\mathrm{BE}}}{\cos \theta} = \frac{2 \sin \theta}{\cos \theta}$

$\tan \theta = \frac{\overline{\mathrm{DE}}}{\overline{\mathrm{BE}}}$, 즉 $\overline{\mathrm{DE}} = \overline{\mathrm{BE}} \times \tan \theta = 2 \sin \theta \tan \theta$

$$\therefore \overline{AD}=\overline{AE}-\overline{DE}$$
$$=2\cos\theta-2\sin\theta\tan\theta$$
$$=\frac{2(\cos^2\theta-\sin^2\theta)}{\cos\theta}$$

삼각형 ABD에서 사인법칙에 의하여

$$\frac{\overline{BD}}{\sin\theta}=2R_1 \quad \therefore R_1=\frac{\overline{BD}}{2\sin\theta}=\frac{\dfrac{2\sin\theta}{\cos\theta}}{2\sin\theta}=\frac{1}{\cos\theta}$$

삼각형 ADC는 직각삼각형이므로 삼각형 ADC의 외접원의 중심은 선분 AD의 중점이다.

$$\therefore R_2=\frac{1}{2}\times\overline{AD}$$
$$=\frac{1}{2}\times\frac{2(\cos^2\theta-\sin^2\theta)}{\cos\theta}$$
$$=\frac{\cos^2\theta-\sin^2\theta}{\cos\theta}$$

이때, $\dfrac{R_2}{R_1}=\dfrac{17}{18}$에서 $\dfrac{\dfrac{\cos^2\theta-\sin^2\theta}{\cos\theta}}{\dfrac{1}{\cos\theta}}=\dfrac{17}{18}$

$$\cos^2\theta-\sin^2\theta=\frac{17}{18}$$

$$1-2\sin^2\theta=\frac{17}{18},\ \sin^2\theta=\frac{1}{36}$$

$$\therefore \sin\theta=\frac{1}{6}\ (\because \sin\theta>0) \qquad \text{目 ②}$$

03

$\angle POQ=\theta$라 하면 $\overline{OP}=1$, $\overline{OQ}=2$이므로 삼각형 POQ에서 코사인법칙에 의하여

$$\overline{PQ}=\sqrt{1^2+2^2-2\times1\times2\times\cos\theta}=\sqrt{5-4\cos\theta}$$

또한 사인법칙에 의하여

$$\frac{\overline{PQ}}{\sin\theta}=2R \quad \therefore R=\frac{\sqrt{5-4\cos\theta}}{2\sin\theta} \qquad \cdots\cdots \ \bigcirc$$

삼각형 POQ의 넓이는

$$\frac{1}{2}\times\overline{OP}\times\overline{OQ}\times\sin\theta=\frac{1}{2}\times1\times2\times\sin\theta=\sin\theta$$

삼각형 POQ의 넓이를 내접원의 반지름의 길이로 나타내면

$$\frac{1}{2}\times(\overline{OP}+\overline{OQ}+\overline{PQ})\times r=\frac{1}{2}(1+2+\sqrt{5-4\cos\theta})r$$

즉, $\sin\theta=\dfrac{1}{2}(3+\sqrt{5-4\cos\theta})r$이므로

$$r=\frac{2\sin\theta}{3+\sqrt{5-4\cos\theta}} \qquad \cdots\cdots \ \bigcirc$$

$\bigcirc$, $\bigcirc$에 의하여

$$rR=\frac{\sqrt{5-4\cos\theta}}{3+\sqrt{5-4\cos\theta}}=\frac{1}{\dfrac{3}{\sqrt{5-4\cos\theta}}+1}$$

$0<\theta<\pi$이므로 $-1<\cos\theta<1$, $-4<-4\cos\theta<4$

$1<5-4\cos\theta<9$, $1<\sqrt{5-4\cos\theta}<3$

$1<\dfrac{3}{\sqrt{5-4\cos\theta}}<3$, $2<\dfrac{3}{\sqrt{5-4\cos\theta}}+1<4$

$$\therefore \frac{1}{4}<rR<\frac{1}{2} \qquad \text{目 ⑤}$$

04

$\overline{OQ}=p$라 하면 $\overline{OP}=1$, $\overline{PQ}=2$이므로 삼각형 OPQ에서 코사인법칙과 산술평균과 기하평균 사이의 관계에 의하여

$$\cos(\angle PQO)=\frac{2^2+p^2-1^2}{2\times2\times p}=\frac{p^2+3}{4p}=\frac{p}{4}+\frac{3}{4p}$$
$$\geq2\sqrt{\frac{p}{4}\times\frac{3}{4p}}$$
$$=\frac{\sqrt{3}}{2}$$

이때, 등호가 성립하려면

$$\frac{p}{4}=\frac{3}{4p}\text{에서 } p^2=3 \quad \therefore p=\sqrt{3}$$

따라서 $\overline{OQ}=p=\sqrt{3}$일 때, $\cos(\angle PQO)$는 최솟값 $\dfrac{\sqrt{3}}{2}$을 갖고,

$\angle PQO$의 크기는 $\dfrac{\pi}{6}$로 최대이다.

$\overline{OP}=1$, $\overline{PQ}=2$, $\angle PQO=\dfrac{\pi}{6}$이므로 삼각형 OPQ는 직각삼각형이고, $\overline{OQ}=\sqrt{3}$이다.

동경 OP가 x축의 양의 방향과 이루는 각의 크기를 θ라 하면 점 P의 좌표는 $P(\cos\theta, \sin\theta)$이고, 두 선분 OP, OQ가 수직이므로 점 Q의 좌표는

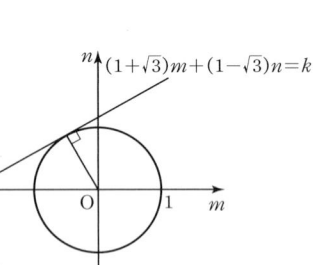

$$Q\left(\sqrt{3}\cos\left(\theta+\frac{\pi}{2}\right), \sqrt{3}\sin\left(\theta+\frac{\pi}{2}\right)\right) \text{ 또는}$$

$$Q\left(\sqrt{3}\cos\left(\theta-\frac{\pi}{2}\right), \sqrt{3}\sin\left(\theta-\frac{\pi}{2}\right)\right)$$

즉, $Q(-\sqrt{3}\sin\theta, \sqrt{3}\cos\theta)$ 또는 $Q(\sqrt{3}\sin\theta, -\sqrt{3}\cos\theta)$이다.
점 Q의 좌표가 $Q(-\sqrt{3}\sin\theta, \sqrt{3}\cos\theta)$인 경우

$$a+b+c+d=\cos\theta+\sin\theta+(-\sqrt{3}\sin\theta)+\sqrt{3}\cos\theta$$
$$=(1+\sqrt{3})\cos\theta+(1-\sqrt{3})\sin\theta$$

$\cos\theta=m$, $\sin\theta=n$, $(1+\sqrt{3})m+(1-\sqrt{3})n=k$로 놓으면 점 (m, n)이 나타내는 도형은 원 $m^2+n^2=1$이므로 원점과 직선 $(1+\sqrt{3})m+(1-\sqrt{3})n=k$ 사이의 거리가 1이 되는 양수 k의 값이 $a+b+c+d$의 최댓값이다.

$$\frac{|-k|}{\sqrt{(1+\sqrt{3})^2+(1-\sqrt{3})^2}}=1$$

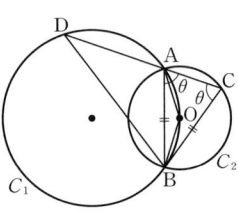

$$\therefore k=2\sqrt{2} \quad \therefore M=2\sqrt{2}$$

같은 방법으로 점 Q의 좌표가 $Q(\sqrt{3}\sin\theta, -\sqrt{3}\cos\theta)$인 경우도 $a+b+c+d$의 최댓값은 $M=2\sqrt{2}$이다.

$$\therefore M^2=8 \qquad \text{目 8}$$

05

원 C_2의 중심을 O, $\angle BAC=\theta$로 놓으면 $\angle BCA=\theta$이므로 $\angle AOB=2\theta$이고, 원 C_1에 내접하는 사각형 DBOA에서 $\angle BDA=\pi-2\theta$이다.

따라서 삼각형 BCD에서 $\angle DBC=\theta$이므로 삼각형 BCD는 $\overline{DB}=\overline{DC}$인 이등

변삼각형이고 오른쪽 그림과 같다.

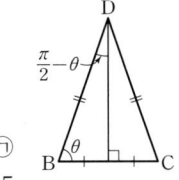

$\sin\left(\dfrac{\pi}{2}-\theta\right)=\dfrac{\dfrac{1}{2}\times\overline{BC}}{\overline{DB}}$에서

$\overline{BC}=2\cos\theta\times\overline{DB}$ ...... ㉠

$\angle DAB=\pi-\theta$이고 원 C_1의 반지름의 길이는 5
이므로 삼각형 ABD에서 사인법칙에 의하여

$\dfrac{\overline{DB}}{\sin(\pi-\theta)}=2\times5$에서 $\overline{DB}=10\sin\theta$ ...... ㉡

㉡을 ㉠에 대입하면 $\overline{BC}=20\sin\theta\cos\theta$

원 C_2의 반지름의 길이는 3이므로 삼각형 ABC에서 사인법칙에
의하여

$\dfrac{\overline{BC}}{\sin\theta}=2\times3$에서 $\dfrac{20\sin\theta\cos\theta}{\sin\theta}=6$

$\therefore \cos\theta=\dfrac{3}{10}$

$\therefore \sin\theta=\sqrt{1-\cos^2\theta}=\sqrt{1-\left(\dfrac{3}{10}\right)^2}=\dfrac{\sqrt{91}}{10}$ ($\because \sin\theta>0$)

따라서 $a=\overline{CD}=\overline{DB}=10\sin\theta=10\times\dfrac{\sqrt{91}}{10}=\sqrt{91}$이므로

$a^2=91$
                                                                    답 91

06

$\overline{OB}=r$라 하면 $\overline{OE}=\overline{OD}=\overline{OF}=r$,
$\overline{OC}=1-r$이므로 직각삼각형 ODC에서

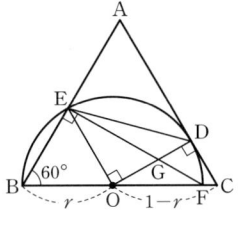

$\sin60°=\dfrac{\overline{OD}}{\overline{OC}}$, $\dfrac{\sqrt{3}}{2}=\dfrac{r}{1-r}$

$\sqrt{3}-\sqrt{3}r=2r$, $(2+\sqrt{3})r=\sqrt{3}$

$\therefore r=\dfrac{\sqrt{3}}{2+\sqrt{3}}=\sqrt{3}(2-\sqrt{3})$

반원에 대한 원주각의 크기는 90°이므로 $\angle BEF=90°$

$\therefore \angle BFE=30°$

즉, $\angle DOC=30°$이므로 삼각형 GOF는 $\overline{OG}=\overline{FG}$인 이등변삼각
형이므로

$\cos30°=\dfrac{\dfrac{1}{2}\times\overline{OF}}{\overline{OG}}$에서 $\overline{OG}=\dfrac{\overline{OF}}{2\times\dfrac{\sqrt{3}}{2}}=\dfrac{r}{\sqrt{3}}$

$\angle EOB=60°$에서 $\angle EOD=90°$이므로 직각삼각형 EOG에서

$\overline{EG}=\sqrt{r^2+\left(\dfrac{r}{\sqrt{3}}\right)^2}=\dfrac{2}{\sqrt{3}}r$

이때, $\angle COD=30°$이므로 원주각과 중심각 사이의 관계에 의하여
$\angle DEF=15°$

즉, $\angle EGO=60°$이므로 삼각형 EGD에서 $\angle EDG=45°$이다.

삼각형 DEG의 외접원의 반지름의 길이를 R라 하면 삼각형 DEG
에서 사인법칙에 의하여

$\dfrac{\overline{EG}}{\sin45°}=2R$

$\therefore R=\dfrac{\dfrac{2}{\sqrt{3}}r}{2\times\dfrac{\sqrt{2}}{2}}=\dfrac{\sqrt{2}}{\sqrt{3}}r=\dfrac{\sqrt{2}}{\sqrt{3}}\times\sqrt{3}(2-\sqrt{3})=2\sqrt{2}-\sqrt{6}$
                                                                    답 ①

ㄱ. 오른쪽 그림과 같이 점 A에서 두
원 C_1, C_2에 접하는 접선을 l, l
위의 한 점을 F라 하면 접선과
할선이 이루는 각의 크기는 원주
각의 크기와 같으므로

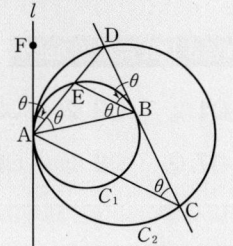

$\angle FAE=\angle ACD$
$\qquad\quad =\angle ABE=\theta$,
$\angle EAB=\angle DBE=\theta$

삼각형 ABD에서
$\angle ADB=\pi-3\theta$

두 삼각형 ACD, BAD가 서로 닮음이므로
$\angle DAC=\angle DBA=2\theta$

$\therefore \angle BAC=\theta$

따라서 삼각형 ABC는 $\angle BAC=\angle BCA=\theta$인 이등
변삼각형이다. (참)

ㄴ. 삼각형 ABE에서 사인법칙에 의하여

$\dfrac{\overline{AE}}{\sin\theta}=2r_1$에서 $\overline{AE}=2r_1\sin\theta=\overline{BE}$ ($\because$ ㄱ)

삼각형 ACD에서 사인법칙에 의하여

$\dfrac{\overline{AD}}{\sin\theta}=2r_2$에서 $\overline{AD}=2r_2\sin\theta$

$\therefore \overline{ED}=\overline{AD}-\overline{AE}=2r_2\sin\theta-2r_1\sin\theta$
$\qquad\quad =2(r_2-r_1)\sin\theta$

또한 삼각형 DEB에서 사인법칙에 의하여

$\dfrac{\overline{ED}}{\sin\theta}=\dfrac{\overline{BE}}{\sin(\pi-3\theta)}$

즉, $\dfrac{2(r_2-r_1)\sin\theta}{\sin\theta}=\dfrac{2r_1\sin\theta}{\sin(\pi-3\theta)}$에서

$r_2-r_1=\dfrac{r_1\sin\theta}{\sin3\theta}$

$\therefore \dfrac{\sin3\theta}{\sin\theta}=\dfrac{r_1}{r_2-r_1}$ (거짓)

ㄷ. $\angle AEB=\pi-2\theta$이므로 삼각형 ABE에서 사인법칙에
의하여

$\dfrac{\overline{AB}}{\sin(\pi-2\theta)}=2r_1$에서 $\overline{AB}=2r_1\sin2\theta$

삼각형 ABD에서 사인법칙에 의하여

$\dfrac{\overline{AB}}{\sin(\pi-3\theta)}=\dfrac{\overline{AD}}{\sin2\theta}$

즉, $\dfrac{2r_1\sin2\theta}{\sin(\pi-3\theta)}=\dfrac{2r_2\sin\theta}{\sin2\theta}$에서

$\dfrac{r_1\sin2\theta}{\sin3\theta}=\dfrac{r_2\sin\theta}{\sin2\theta}$

$\therefore \dfrac{\sin2\theta}{\sin\theta}=\dfrac{r_2}{r_1}\times\dfrac{\sin3\theta}{\sin2\theta}$ (참)

따라서 옳은 것은 ㄱ, ㄷ이다.   **답** ③

01 등차수열과 등비수열

| 개념 & 대표 유형 짚어보기 | 본문 40 ~ 41쪽 |

01 2 **02** ② **03** ③ **04** 11 **05** ③ **06** ③
07 ③ **08** ③ **09** 35

01

$a_n=1+(n-1)d$이므로

조건 ㈐에서 $a_9=1+8d$가 자연수이려면 d의 값은

$\dfrac{1}{8}, \dfrac{2}{8}, \dfrac{3}{8}, \dfrac{4}{8}, \dfrac{5}{8}, \dfrac{6}{8}, \dfrac{7}{8}$ $(\because 0<d<1)$

그런데 조건 ㈎에서 $a_2, a_3, a_4, \cdots, a_8$, 즉 $1+d$, $1+2d$, $1+3d$,

$\cdots$, $1+7d$는 자연수가 아니므로 d로 가능한 값은

$\dfrac{1}{8}, \dfrac{3}{8}, \dfrac{5}{8}, \dfrac{7}{8}$

따라서 가능한 모든 d의 값의 합은

$\dfrac{1}{8}+\dfrac{3}{8}+\dfrac{5}{8}+\dfrac{7}{8}=2$

탑 2

02

$n=1$일 때, 2개의 원의 교점은 존재하지 않으므로 $a_1=0$

$n=2$일 때, 4개의 원의 교점의 개수는 4이므로 $a_2=4$

$n=3$일 때, 6개의 원의 교점의 개수는 14이므로 $a_3=14$

$n=4$일 때, 8개의 원의 교점의 개수는 26이므로 $a_4=26$

$n=5$일 때, 10개의 원의 교점의 개수는 38이므로 $a_5=38$

$\vdots$

즉, $n=3$일 때부터 원이 2개씩 증가할수록 교점의 개수는 12개씩

증가하므로 수열 $\{a_n\}$은 제3항부터 공차가 12인 등차수열이다.

$\therefore a_n=14+(n-3)\times12=12n-22$ (단, $n\geq3$)

$\therefore a_{20}=12\times20-22=218$

탑 ②

03

$a_n+a_{n+2}=2a_{n+1}$이므로

$A_n=a_n+a_{n+1}+a_{n+2}=3a_{n+1}$

즉, $|A_n|=3|a_{n+1}|$이므로 $|a_{n+1}|$의 값이 최소일 때, $|A_n|$이 최솟값을 갖는다.

한편, 등차수열 $\{a_n\}$의 공차를 d라 하면

$a_{13}=a_1+12d=89$이므로

$98+12d=89$ $\therefore d=-\dfrac{3}{4}$

$\therefore a_n=98+(n-1)\times\left(-\dfrac{3}{4}\right)=-\dfrac{3}{4}n+\dfrac{395}{4}$

$a_n<0$에서 $-\dfrac{3}{4}n+\dfrac{395}{4}<0$, $3n>395$ $\therefore n>131.6\cdots$

$a_{131}=\dfrac{1}{2}$, $a_{132}=-\dfrac{1}{4}$이므로 $|A_n|$의 최솟값은 $3|a_{132}|=\dfrac{3}{4}$이다.

탑 ③

04

$a_2+a_4+a_6+\cdots+a_{2k}=\dfrac{k(a_2+a_{2k})}{2}=330$

$\therefore k(a_2+a_{2k})=660$ $\cdots\cdots$ ㉠

$a_1+a_3+a_5+\cdots+a_{2k-1}=-3+\dfrac{(k-1)(a_3+a_{2k-1})}{2}=297$

$\therefore (k-1)(a_3+a_{2k-1})=600$ $\cdots\cdots$ ㉡

이때, $a_2+a_{2k}=a_3+a_{2k-1}$이므로

㉠÷㉡을 하면

$\dfrac{k}{k-1}=\dfrac{660}{600}=\dfrac{11}{10}$, $11k-11=10k$

$\therefore k=11$

탑 11

05

$S_n=-3n^2+34n$에서

(ⅰ) $n=1$일 때,

$b_1=S_1=-3+34=31$

(ⅱ) $n\geq2$일 때,

$b_n=S_n-S_{n-1}$

$=-3n^2+34n-\{-3(n-1)^2+34(n-1)\}$

$=-6n+37$ $\cdots\cdots$ ㉠

이때, $b_1=31$은 $n=1$을 ㉠에 대입한 것과 같으므로

$b_n=-6n+37$ (단, $n\geq1$)

한편, $b_n=a_n+a_{n+1}$ $(n\geq1)$이므로

$a_n+a_{n+1}=-6n+37$ $\cdots\cdots$ ㉡

등차수열 $\{a_n\}$의 공차를 d라 하면 ㉡에서

$a_1+a_2=31$이므로 $2a_1+d=31$ $\cdots\cdots$ ㉢

$a_2+a_3=25$이므로 $2a_1+3d=25$ $\cdots\cdots$ ㉣

㉢, ㉣을 연립하여 풀면

$a_1=17$, $d=-3$

$\therefore a_n=17+(n-1)\times(-3)=-3n+20$

이때, $-3n+20<0$에서 $3n>20$

$\therefore n>\dfrac{20}{3}=6.66\cdots$

즉, 수열 $\{a_n\}$은 제7항부터 음수이므로 첫째항부터 제6항까지의

합이 최대이다.

따라서 구하는 최댓값은

$\dfrac{6\times\{2\times17+(6-1)\times(-3)\}}{2}=\dfrac{6\times19}{2}=57$

탑 ③

06

직각이등변삼각형 ABC를 점 B를 원점으로 하여 좌표평면 위에 나타내면 오른쪽 그림과 같고, 점 P의 좌표를 $P(a, b)$라 하면

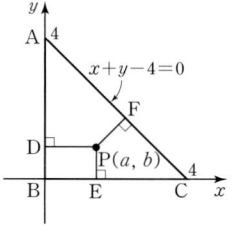

$\overline{PD}=a$, $\overline{PF}=\dfrac{|a+b-4|}{\sqrt{2}}$, $\overline{PE}=b$

$\overline{PD}$, $\overline{PF}$, $\overline{PE}$가 이 순서대로 등비수열을

이루므로

$$\frac{(a+b-4)^2}{2}=ab$$

$$a^2+b^2+16+2ab-8b-8a=2ab$$

$$(a-4)^2+(b-4)^2=16$$

즉, 점 P는 점 $(4, 4)$를 중심으로 하는 반지름이 4인 원 위에 있고, 삼각형 ABC의 내부의 점이므로 점 P가 나타내는 도형은 오른쪽 그림에서 호 AB이다.

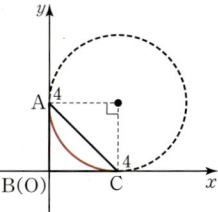

따라서 점 P가 나타내는 도형의 길이는 $2\pi \times 4 \times \dfrac{1}{4}=2\pi$

/ 보충 설명 /

좌표평면에서 점 (x_1, y_1)과 직선 $px+qy+r=0$ (p, q, r는 상수) 사이의 거리를 d라 하면

$$d=\frac{|px_1+qy_1+r|}{\sqrt{p^2+q^2}}$$

문제에서 직각이등변삼각형 ABC를 점 B를 원점, 두 직선 BC, AB를 각각 x축, y축으로 하는 좌표평면 위에 나타내면 A(0, 4), C(4, 0)이고 두 점 A, C를 지나는 직선의 방정식은

$$y=\frac{0-4}{4-0}(x-4), \text{ 즉 } x+y-4=0$$

따라서 점 P(a, b)와 직선 AC 사이의 거리인 선분 PF의 길이는

$$\overline{\mathrm{PF}}=\frac{|a+b-4|}{\sqrt{1^2+1^2}}=\frac{|a+b-4|}{\sqrt{2}} \qquad \text{📌 ③}$$

07

자연수 m에 대하여

$a_{2m-1}, a_{2m}, a_{2m+1}$은 이 순서대로 등비수열을 이루므로

$$a_{2m}{}^2=a_{2m-1}a_{2m+1} \qquad \cdots\cdots \text{㉠}$$

$a_{2m}, a_{2m+1}, a_{2m+2}$는 이 순서대로 등차수열을 이루므로

$$2a_{2m+1}=a_{2m}+a_{2m+2} \qquad \cdots\cdots \text{㉡}$$

수열 $\{a_n\}$의 각 항은 양수이므로 ㉠에서

$$a_{2m}=\sqrt{a_{2m-1}a_{2m+1}}, \quad a_{2m+2}=\sqrt{a_{2m+1}a_{2m+3}}$$

이를 ㉡에 대입하면

$$2a_{2m+1}=\sqrt{a_{2m-1}a_{2m+1}}+\sqrt{a_{2m+1}a_{2m+3}}$$

양변을 $\sqrt{a_{2m+1}}$로 나누면

$$2\sqrt{a_{2m+1}}=\sqrt{a_{2m-1}}+\sqrt{a_{2m+3}}$$

따라서 수열 $\{\sqrt{a_{2m-1}}\}$은 첫째항이 1인 등차수열이고, $a_3=4$이므로 공차는

$$\sqrt{a_3}-\sqrt{a_1}=\sqrt{4}-\sqrt{1}=1$$

$$\therefore \sqrt{a_{2m-1}}=1+(m-1)\times 1=m$$

양변을 제곱하면 $a_{2m-1}=m^2$

$$\therefore a_{27}=14^2=196$$

/ 보충 설명 /

$1 \le a_1 < a_2$이므로 모든 자연수 n에 대하여 $1 \le a_n < a_{n+1}$임을 유추할 수 있다. 📌 ③

08

이차방정식 $mx=(x-a)(x-a-1)$에서

$$mx=x^2-(2a+1)x+a(a+1)$$

$$x^2-(2a+1+m)x+a(a+1)=0$$

이 이차방정식의 두 근이 p, q이므로 근과 계수의 관계에 의하여

$$p+q=2a+1+m \qquad \cdots\cdots \text{㉠}$$

$$pq=a(a+1)$$

이때, $pq=6$이므로

$$a(a+1)=6, \quad a^2+a-6=0, \quad (a+3)(a-2)=0$$

$a>0$이므로 $a=2$

네 수 $p, a, a+1, q$, 즉 $p, 2, 3, q$가 이 순서대로 등비수열을 이루므로

$$3p=4, 2q=9$$

$$\therefore p=\frac{4}{3}, \quad q=\frac{9}{2}$$

이를 ㉠에 대입하면

$$\frac{4}{3}+\frac{9}{2}=2\times 2+1+m$$

$$\therefore m=\frac{4}{3}+\frac{9}{2}-5=\frac{5}{6}$$

$$\therefore am=2\times\frac{5}{6}=\frac{5}{3} \qquad \text{📌 ③}$$

09

등비수열 $\{a_n\}$의 첫째항을 a ($a\ne 0$), 공비를 r ($r\ne 0$)라 하자.

$r=1$이면 $S_m=am$, $S_{3m}=3am$

$S_m=S_{3m}$에서 $am=3am$ $\quad \therefore a=0$ ($\because m$은 자연수)

따라서 조건에 모순이므로 $r\ne 1$이다.

$r\ne 1$이면

$$S_m=\frac{a(r^m-1)}{r-1}$$

$$S_{3m}=\frac{a(r^{3m}-1)}{r-1}=\frac{a(r^m-1)(r^{2m}+r^m+1)}{r-1}$$

$S_m=S_{3m}$에서 $r^m-1=0$ 또는 $r^{2m}+r^m+1=1$

(i) $r^m-1=0$인 경우

　　$r\ne 1$이므로 m이 짝수일 때 $r=-1$

(ii) $r^{2m}+r^m+1=1$인 경우

　　$r^m(r^m+1)=0$에서 $r^m=-1$ ($r\ne 0$)이므로

　　m이 홀수일 때 $r=-1$

(i), (ii)에서 $r=-1$

따라서 수열 $\{a_n\}$을 나열하면 $a, -a, a, -a, \cdots$

m이 짝수일 때, $S_m=0$, $S_{2m}=0$, $S_{3m}=0, \cdots$

m이 홀수일 때, $S_m=a$, $S_{2m}=0$, $S_{3m}=a, \cdots$

이므로 $S_m-S_{2m}=7$에 의하여 m은 홀수이고

$$S_m=S_{3m}=S_{5m}=S_{7m}=S_{9m}=7$$이다.

따라서 $S_{2m}=S_{4m}=S_{6m}=S_{8m}=S_{10m}=0$이므로

$$S_m+S_{2m}+S_{3m}+\cdots+S_{10m}=7\times 5+0\times 5=35$$

/ 다른 풀이 /

등비수열 $\{a_n\}$의 첫째항을 a ($a\ne 0$), 공비를 r ($r\ne 0$)라 하자.

$S_m=a_1+a_2+\cdots+a_{m-1}+a_m$이고

$S_{2m}=a_1+a_2+\cdots+a_{m-1}+a_m+a_{m+1}+a_{m+2}+\cdots+a_{2m-1}+a_{2m}$

에서

$$S_{2m}=(a_1+a_2+\cdots+a_{m-1}+a_m)$$
$$+(a_1r^m+a_2r^m+\cdots+a_{m-1}r^m+a_mr^m)$$
$$=(a_1+a_2+\cdots+a_{m-1}+a_m)+(a_1+a_2+\cdots+a_{m-1}+a_m)r^m$$
$$=S_m+S_m\times r^m \qquad \cdots\cdots \text{㉠}$$

같은 방법으로 $S_{3m}=S_m+S_m\times r^m+S_m\times r^{2m}$이고

정답과 풀이

$S_{4m}=S_m+S_m\times r^m+S_m\times r^{2m}+S_m\times r^{3m}$이다.

한편, $S_m=S_{3m}$이므로

$S_m\times r^m+S_m\times r^{2m}=0$ ...... ㉡

즉, $S_m=S_{3m}=S_{5m}=S_{7m}=S_{9m}=\cdots$

또한 $S_m-S_{2m}=7$이므로

$S_m\times r^m=-7$

이를 ㉡에 대입하여 정리하면 $-7-7r^m=0$이므로 $r^m=-1$

이를 ㉠, ㉡에 각각 대입하면 $S_m=7$, $S_{2m}=0$

즉, $S_{2m}=S_{4m}=S_{6m}=S_{8m}=S_{10m}=\cdots=0$

$\therefore S_m+S_{2m}+S_{3m}+\cdots+S_{10m}=7\times5+0\times5=35$

답 35

심화 유형 도전하기 　　본문 42 ~ 43쪽

01 18　**02** 17　**03** ⑤　**04** 22　**05** 21　**06** 767

01

m번째 줄에 있는 m개의 수들은 왼쪽에서부터 첫째항이 1, 공차가 $m-1$인 등차수열을 이루므로 m번째 줄의 왼쪽에서 n번째에 있는 수는

$a(m, n)=1+(n-1)(m-1)$

이때, $a(m, n)=65$에서 $1+(n-1)(m-1)=65$

$\therefore (m-1)(n-1)=64$ (단, $m\geq n$)

따라서 두 자연수 m, n의 순서쌍 (m, n)은 $(65, 2)$, $(33, 3)$, $(17, 5)$, $(9, 9)$이므로 $m+n$의 최솟값은 $m=9$, $n=9$일 때 18이다.

답 18

02

$\mathrm{P}_{(n, k)}=S_n-k\ (1\leq k\leq n)$라 하면

$\dfrac{\mathrm{P}_{(n, n)}}{n-1}\leq\dfrac{\mathrm{P}_{(n, k)}}{n-1}\leq\dfrac{\mathrm{P}_{(n, 1)}}{n-1}$

이고

$\mathrm{P}_{(n, n)}=1+2+\cdots+(n-1)=\dfrac{(n-1)(1+n-1)}{2}=\dfrac{n(n-1)}{2}$,

$\mathrm{P}_{(n, 1)}=2+3+\cdots+n=\dfrac{(n-1)(2+n)}{2}=\dfrac{(n-1)(n+2)}{2}$

이므로

$\dfrac{n}{2}\leq\dfrac{\mathrm{P}_{(n, k)}}{n-1}\leq\dfrac{n+2}{2}$

주어진 조건에서 $\dfrac{\mathrm{P}_{(n, k)}}{n-1}=\dfrac{16}{3}$이므로

$\dfrac{n}{2}\leq\dfrac{16}{3}\leq\dfrac{n+2}{2}$에서 $3n\leq32\leq3n+6$

$3n\leq32$에서 $n\leq\dfrac{32}{3}$

$3n+6\geq32$에서 $n\geq\dfrac{26}{3}$ $\therefore \dfrac{26}{3}\leq n\leq\dfrac{32}{3}$

(i) $n=9$일 때,

$\dfrac{S_9-k}{8}=\dfrac{16}{3}$, $S_9-k=\dfrac{128}{3}$

$\therefore k=(1+2+3+\cdots+9)-\dfrac{128}{3}$

이때, k는 자연수이므로 모순이다.

(ii) $n=10$일 때,

$\dfrac{S_{10}-k}{9}=\dfrac{16}{3}$, $S_{10}-k=48$

$\therefore k=(1+2+3+\cdots+10)-48$

$=\dfrac{10(1+10)}{2}-48=7$

(i), (ii)에서 $n=10$, $k=7$이므로

$n+k=10+7=17$

답 17

03

조건 ㈏에 의하여 등비수열을 이루는 세 실근을 각각 a, ar, $ar^2\ (a\neq0, r<0)$이라 하자.

삼차방정식의 근과 계수의 관계에 의하여 세 실근의 곱은

$a^3r^3=-\dfrac{27}{8}=\left(-\dfrac{3}{2}\right)^3$ $\therefore ar=-\dfrac{3}{2}$

$r<0$, $ar<0$에서 $a>0$이므로 $ar<0<a<ar^2$ 또는 $ar<0<ar^2<a$이다.

(i) $ar<a<ar^2$인 경우

조건 ㈎에 의하여 $2a=ar+ar^2$

$a\neq0$이므로 $r^2+r-2=0$

$(r+2)(r-1)=0$ $\therefore r=-2\ (\because r<0)$

$ar=-\dfrac{3}{2}$이므로 $a=\dfrac{3}{4}$, $ar^2=3$

따라서 세 실근은 $-\dfrac{3}{2}$, $\dfrac{3}{4}$, 3이다.

(ii) $ar<ar^2<a$인 경우

조건 ㈎에 의하여 $2ar^2=ar+a$

$a\neq0$이므로 $2r^2-r-1=0$

$(2r+1)(r-1)=0$ $\therefore r=-\dfrac{1}{2}\ (\because r<0)$

$ar=-\dfrac{3}{2}$이므로 $a=3$, $ar^2=\dfrac{3}{4}$

따라서 세 실근은 $-\dfrac{3}{2}$, $\dfrac{3}{4}$, 3이다.

(i), (ii)에서 세 실근은 $-\dfrac{3}{2}$, $\dfrac{3}{4}$, 3이고, 삼차방정식의 근과 계수의 관계에 의하여

$\dfrac{p}{8}=\left(-\dfrac{3}{2}\right)+\dfrac{3}{4}+3=\dfrac{9}{4}$ $\therefore p=18$

$-\dfrac{q}{8}=\left(-\dfrac{3}{2}\right)\times\dfrac{3}{4}+\left(-\dfrac{3}{2}\right)\times3+\dfrac{3}{4}\times3=-\dfrac{27}{8}$ $\therefore q=27$

$\therefore p+q=18+27=45$

답 ⑤

04

$2f(1)+2^2f(2)+2^3f(3)+\cdots+2^9f(9)+2^{10}f(10)$의 값이 최대이려면 $f(10)>f(9)>f(8)>\cdots>f(1)$이어야 한다.

이때, 일대일대응 f의 치역은 $B=\left\{-\dfrac{1}{2}, \dfrac{1}{2^2}, \cdots, -\dfrac{1}{2^9}, \dfrac{1}{2^{10}}\right\}$이고,

$\dfrac{1}{2^2}>\dfrac{1}{2^4}>\cdots>\dfrac{1}{2^{10}}>-\dfrac{1}{2^9}>-\dfrac{1}{2^7}>\cdots>-\dfrac{1}{2}$이므로

$f(10),\ f(9),\ f(8),\ \cdots,\ f(1)$의 값은

$f(10)=\dfrac{1}{2^2},\ f(9)=\dfrac{1}{2^4},\ f(8)=\dfrac{1}{2^6},\ \cdots,\ f(1)=-\dfrac{1}{2}$

집합 $\{2^n f(n)\,|\,1\le n\le 10,\ n$은 자연수$\}$의 원소 중 양수인 원소는

$2^{10}f(10)=2^{10}\times\dfrac{1}{2^2}=2^{10-2}=2^8$

$2^9 f(9)=2^9\times\dfrac{1}{2^4}=2^{9-4}=2^5$

$2^8 f(8)=2^8\times\dfrac{1}{2^6}=2^{8-6}=2^2$

$2^7 f(7)=2^7\times\dfrac{1}{2^8}=2^{7-8}=\dfrac{1}{2}$

$2^6 f(6)=2^6\times\dfrac{1}{2^{10}}=2^{6-10}=\dfrac{1}{2^4}$

이므로 구하는 합은

$\dfrac{1}{2^4}+\dfrac{1}{2}+2^2+2^5+2^8=\dfrac{\dfrac{1}{2^4}\{(2^3)^5-1\}}{2^3-1}=\dfrac{2^{15}-1}{7\times 2^4}$

따라서 $p=7$, $q=15$이므로

$p+q=7+15=22$ **답** 22

05

$c_1=2+T_1=2+b_1=2+(1+S_1)=3+a$

등비수열 $\{c_n\}$의 공비를 s라 하면 $c_n=(3+a)s^{n-1}$

$n\ge 2$일 때

$b_n=T_n-T_{n-1}$

$\quad=(2+T_n)-(2+T_{n-1})$

$\quad=c_n-c_{n-1}$

$\quad=(3+a)s^{n-1}-(3+a)s^{n-2}$

$\quad=(3+a)(s-1)s^{n-2}$

$S_n=b_n-1$이므로

$S_n=(3+a)(s-1)s^{n-2}-1$ (단, $n\ge 2$) ······ ㉠

$n\ge 3$일 때

$a_n=S_n-S_{n-1}$

$\quad=(3+a)(s-1)s^{n-2}-(3+a)(s-1)s^{n-3}$

$\quad=(3+a)(s-1)^2 s^{n-3}$ (단, $n\ge 3$) ······ ㉡

수열 $\{a_n\}$은 첫째항이 a, 공비가 r인 등비수열이고 $ar\ne 0$이므로

$r=s$이다.

㉠에서 $S_2=(3+a)(s-1)-1$이므로

$a+ar=(3+a)(r-1)-1$ ($\because r=s$)

$2a=3r-4$ $\quad\therefore a=\dfrac{3r-4}{2}$ ······ ㉢

㉡에서 $a_3=(3+a)(s-1)^2$이므로

$ar^2=(3+a)(r-1)^2$ ($\because r=s$) ······ ㉣

㉢을 ㉣에 대입하면

$\dfrac{3r-4}{2}\times r^2=\left(3+\dfrac{3r-4}{2}\right)(r-1)^2$

$3r^3-4r^2=3r^3-4r^2-r+2$ $\quad\therefore r=2$

따라서 ㉢에서 $a=1$이므로

$a+10r=1+20=21$ **답** 21

06

$n\ge 2$일 때

$a_n=S_n-S_{n-1}$

$\quad=\left\{\dfrac{4}{3}(4^n-1)-2p(2^n-1)\right\}-\left\{\dfrac{4}{3}(4^{n-1}-1)-2p(2^{n-1}-1)\right\}$

$\quad=\dfrac{4}{3}(4^n-4^{n-1})-2p(2^n-2^{n-1})$

$\quad=4^n-p\times 2^n$

$n=1$일 때, $a_1=S_1=4-2p$이므로

$a_n=4^n-p\times 2^n$ (단, $n\ge 1$)

$\therefore a_{n+1}-a_n=(4^{n+1}-p\times 2^{n+1})-(4^n-p\times 2^n)$

$\qquad\qquad\quad=(4^{n+1}-4^n)-(p\times 2^{n+1}-p\times 2^n)$

$\qquad\qquad\quad=3\times 4^n-p\times 2^n$

이때, $2^n=x\ (x>0)$로 놓으면 $a_{n+1}-a_n=3x^2-px$

주어진 조건에서

$1\le n\le 7$일 때 $a_n>a_{n+1}$, $n\ge 8$일 때 $a_n<a_{n+1}$ ······ ㉠

$f(x)=3x^2-px=3x\left(x-\dfrac{p}{3}\right)$라 할 때 ㉠이 성립하려면

$f(2^7)<0$이고 $f(2^8)>0$이어야 한다.

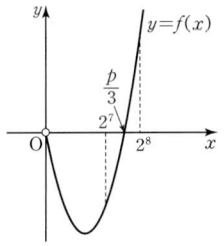

따라서 방정식 $f(x)=0$의 두 실근 $0,\ \dfrac{p}{3}$에 대하여

$2^7<\dfrac{p}{3}<2^8$

$\therefore 3\times 2^7<p<3\times 2^8$

따라서 조건을 만족시키는 가장 큰 자연수 p의 값은

$3\times 2^8-1=767$ **답** 767

02 수열의 합

본문 44 ~ 45쪽

개념 & 대표 유형 짚어보기

01 105 **02** ④ **03** ① **04** ① **05** 770 **06** ②

07 ③ **08** 20 **09** 741

01

$$\sum_{k=10}^{20} a_k = a_{10} + a_{11} + a_{12} + \cdots + a_{20}$$
$$= (a_{10} + a_{12} + \cdots + a_{20}) + (a_{11} + a_{13} + \cdots + a_{19})$$
$$= \{(a_2 + a_4 + \cdots + a_{20}) - (a_2 + a_4 + \cdots + a_8)\}$$
$$\quad + \{(a_1 + a_3 + \cdots + a_{19}) - (a_1 + a_3 + \cdots + a_9)\}$$
$$= \{(10^2 + 10) - (4^2 + 4)\} + \{(30 - 2) - (15 - 2)\}$$
$$= 90 + 15$$
$$= 105$$

🅐 105

02

$a_{n+1} = a_n + b_n$ 이므로
$$\sum_{k=1}^{11} a_k = a_1 + a_2 + a_3 + \cdots + a_{11}$$
$$= a_1 + (a_1 + b_1) + (a_1 + b_1 + b_2)$$
$$\quad + \cdots + (a_1 + b_1 + b_2 + \cdots + b_{10})$$
$$= 11a_1 + 10b_1 + 9b_2 + \cdots + b_{10}$$
$$= 11a_1 + \sum_{k=1}^{10} (11 - k)b_k$$
$$\therefore \sum_{k=1}^{11} a_k - \sum_{k=1}^{10} (11 - k)b_k = 11a_1 = 22$$

🅐 ④

03

등차수열 $\{a_n\}$의 일반항은
$$a_n = 2 + (n-1) \times 4 = 4n - 2$$
이므로
$$\sum_{k=1}^{n} ka_n = a_n \sum_{k=1}^{n} k$$
$$= a_n \times \frac{n(n+1)}{2}$$
$$= n(n+1)(2n-1)$$
$$\therefore \sum_{k=1}^{n} kb_k = n(n+1)(2n-1) \quad\quad \cdots\cdots \ㄱ$$
$n = 10$을 ㉠에 대입하면
$$\sum_{k=1}^{10} kb_k = 10 \times 11 \times 19 = 2090$$
$$\therefore b_1 + 2b_2 + \cdots + 9b_9 + 10b_{10} = 2090 \quad\quad \cdots\cdots \ㄴ$$
또한 $n = 9$를 ㉠에 대입하면
$$\sum_{k=1}^{9} kb_k = 9 \times 10 \times 17 = 1530$$
$$\therefore b_1 + 2b_2 + \cdots + 9b_9 = 1530 \quad\quad \cdots\cdots \ㄷ$$
㉡-㉢을 하면
$$10b_{10} = 560$$
$$\therefore b_{10} = 56$$

🅐 ①

04

구하는 합을 S라 하면 $i \neq j$이므로
$$S = (1 + 2 + 3 + \cdots + 10)(1^2 + 2^2 + 3^2 + \cdots + 10^2)$$
$$\quad\quad\quad - (1^3 + 2^3 + 3^3 + \cdots + 10^3)$$
$$= \sum_{k=1}^{10} k \times \sum_{k=1}^{10} k^2 - \sum_{k=1}^{10} k^3$$
$$= \frac{10 \times 11}{2} \times \frac{10 \times 11 \times 21}{6} - \left(\frac{10 \times 11}{2}\right)^2$$
$$= 55 \times 385 - 3025$$
$$= 18150$$
따라서 구하는 합은 18150이다.

🅐 ①

05

$k(k-1) < n \leq k(k+1)$일 때, $a_n = k$이므로
$\{k(k+1) - k(k-1)\}$개의 항의 값이 k이다.
즉, $k(k+1) - k(k-1) = 2k$이므로 $2k$개의 항의 값이 k이다.
$$\therefore \sum_{n=k(k-1)+1}^{k(k+1)} a_n = k \times 2k = 2k^2$$
$k(k+1) = 110$에서 $k = 10$이므로
$$\sum_{n=1}^{110} a_n = \sum_{n=1}^{2} a_n + \sum_{n=3}^{6} a_n + \sum_{n=7}^{12} a_n + \cdots + \sum_{n=91}^{110} a_n$$
$$= \sum_{k=1}^{10} 2k^2$$
$$= 2 \times \frac{10 \times 11 \times 21}{6}$$
$$= 770$$

🅐 770

06

$a_{n+2} = a_{n+1} + a_n$에서 $a_n = a_{n+2} - a_{n+1}$이므로
$$\sum_{k=1}^{7} \frac{a_k}{a_{k+1}a_{k+2}} = \sum_{k=1}^{7} \frac{a_{k+2} - a_{k+1}}{a_{k+1}a_{k+2}}$$
$$= \sum_{k=1}^{7} \left(\frac{1}{a_{k+1}} - \frac{1}{a_{k+2}}\right)$$
$$= \left(\frac{1}{a_2} - \frac{1}{a_3}\right) + \left(\frac{1}{a_3} - \frac{1}{a_4}\right) + \cdots + \left(\frac{1}{a_8} - \frac{1}{a_9}\right)$$
$$= \frac{1}{a_2} - \frac{1}{a_9}$$
이때, $a_1 = 1$, $a_2 = 1$, $a_{n+2} = a_{n+1} + a_n$ $(n = 1, 2, 3, \cdots)$에서
$a_3 = 2$, $a_4 = 3$, $a_5 = 5$, $a_6 = 8$, $a_7 = 13$, $a_8 = 21$, $a_9 = 34$
이므로
$$\sum_{k=1}^{7} \frac{a_k}{a_{k+1}a_{k+2}} = 1 - \frac{1}{34} = \frac{33}{34}$$

🅐 ②

07

자연수 n과 $n+1$ 사이의 수 중 4를 분모로 하는 기약분수는
$\dfrac{4n+1}{4}$, $\dfrac{4n+3}{4}$이므로
$$a_n = \frac{4n+1}{4} + \frac{4n+3}{4} = 2n+1$$

$$\therefore \sum_{n=1}^{12}\frac{1}{a_na_{n+1}}=\sum_{n=1}^{12}\frac{1}{(2n+1)(2n+3)}$$
$$=\frac{1}{2}\sum_{n=1}^{12}\left(\frac{1}{2n+1}-\frac{1}{2n+3}\right)$$
$$=\frac{1}{2}\left\{\left(\frac{1}{3}-\frac{1}{5}\right)+\left(\frac{1}{5}-\frac{1}{7}\right)+\cdots+\left(\frac{1}{25}-\frac{1}{27}\right)\right\}$$
$$=\frac{1}{2}\left(\frac{1}{3}-\frac{1}{27}\right)=\frac{4}{27}$$

답 ③

08

다음 그림과 같이 $P'(n, 0)$, $Q'(n+1, 0)$이라 하자.

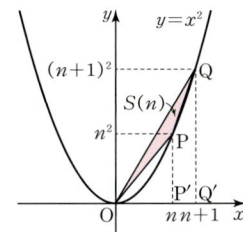

$$S(n)=\triangle OQ'Q-\triangle OP'P-\square PP'Q'Q$$
$$=\frac{1}{2}(n+1)(n+1)^2-\frac{1}{2}\times n\times n^2-\frac{1}{2}\times\{n^2+(n+1)^2\}\times 1$$
$$=\frac{1}{2}n(n+1)$$
$$\therefore \sum_{k=1}^{10}\frac{11}{S(k)}=\sum_{k=1}^{10}\frac{22}{k(k+1)}=22\sum_{k=1}^{10}\left(\frac{1}{k}-\frac{1}{k+1}\right)$$
$$=22\left\{\left(1-\frac{1}{2}\right)+\left(\frac{1}{2}-\frac{1}{3}\right)+\cdots+\left(\frac{1}{10}-\frac{1}{11}\right)\right\}$$
$$=22\left(1-\frac{1}{11}\right)=20$$

/ 보충 설명 /

$O(0, 0)$, $P(a, b)$, $Q(c, d)$일 때 $\triangle OPQ=\frac{1}{2}|ad-bc|$임을 이용하여 $S(n)$을 구하면
$$S(n)=\frac{1}{2}|n(n+1)^2-n^2(n+1)|=\frac{1}{2}n(n+1)$$

답 20

09

위에서 n번째 줄에는 $(2n-1)$개의 자연수가 있으므로 위에서 첫 번째 줄부터 n번째 줄까지의 자연수의 개수는
$$\sum_{k=1}^{n}(2k-1)=2\times\frac{n(n+1)}{2}-n=n^2$$
$n=7$일 때 $7^2=49$이고, 위에서 8번째 줄에 적혀 있는 수는
$2\times 8-1=15$개이므로
$50, 51, 52, 53, \cdots, 63, 64$이다.
따라서 위에서 8번째 줄의 색칠된 부분에 적힌 수는 $51, 52, 53, \cdots, 63$이므로
$$a_8=51+52+53+\cdots+63$$
$$=\frac{13\times(51+63)}{2}$$
$$=13\times 57=741$$

답 741

본문 46 ~ 47쪽

심화 유형 도전하기

01 351 **02** 9 **03** 20 **04** 271 **05** ⑤ **06** 60

01

자연수 k에 대하여
$$k-\frac{1}{2}<\sqrt{\frac{n+2}{3}}<k+\frac{1}{2} \qquad\cdots\cdots\text{㉠}$$
이면 $a_n=k$이다.
㉠의 각 변을 제곱하면
$$\left(k-\frac{1}{2}\right)^2<\frac{n+2}{3}<\left(k+\frac{1}{2}\right)^2$$
$$k^2-k+\frac{1}{4}<\frac{n+2}{3}<k^2+k+\frac{1}{4}$$
$$3(k^2-k)+\frac{3}{4}<n+2<3(k^2+k)+\frac{3}{4}$$
이때, $n+2$는 자연수이므로
$$3(k^2-k)+1\le n+2\le 3(k^2+k)$$
즉, $3(k^2-k)-1\le n\le 3(k^2+k)-2$일 때 $a_n=k$이다.
$a_n=1$인 자연수 n의 개수는 $-1\le n\le 4$에서 $1, 2, 3, 4$의 4이다.
$a_n=2$인 자연수 n의 개수는 $5\le n\le 16$에서 $5, 6, \cdots, 16$의 12이다.
$a_n=3$인 자연수 n의 개수는 $17\le n\le 34$에서 $17, 18, \cdots, 34$의 18이다.
$$\vdots$$
$a_n=k$인 자연수 n의 개수는 $3(k^2-k)-1\le n\le 3(k^2+k)-2$에서 $3k^2-3k-1, 3k^2-3k, \cdots, 3k^2+3k-2$의 $6k$이다.
$$\therefore \sum_{n=1}^{3k^2+3k-2}\frac{1}{a_n}=\frac{1}{1}\times 4+\frac{1}{2}\times 12+\frac{1}{3}\times 18+\cdots+\frac{1}{k}\times 6k$$
$$=\left(\frac{1}{1}\times 6+\frac{1}{2}\times 12+\frac{1}{3}\times 18+\cdots+\frac{1}{k}\times 6k\right)-2$$
$$=\underbrace{(6+6+6+\cdots+6)}_{k\text{개}}-2$$
$$=6k-2$$

$k=10$일 때, $3k^2+3k-2=328$이고 $\sum_{n=1}^{328}\frac{1}{a_n}=58$이다.
$k=11$일 때, $3k^2+3k-2=394$이고 $\sum_{n=1}^{394}\frac{1}{a_n}=64$이다.
따라서 $a_{329}=a_{330}=\cdots=a_{394}=11$이므로
$$\sum_{n=1}^{350}\frac{1}{a_n}=\sum_{n=1}^{328}\frac{1}{a_n}+\left(\frac{1}{11}\times 22\right)=58+2=60$$
$$\sum_{n=1}^{351}\frac{1}{a_n}=\sum_{n=1}^{328}\frac{1}{a_n}+\left(\frac{1}{11}\times 23\right)=58+\frac{23}{11}>60$$
즉, $\sum_{n=1}^{m}\frac{1}{a_n}>60$을 만족시키는 자연수 m의 최솟값은 351이다.

답 351

02

두 함수 $y=\log_2(x+1)$, $y=\log_2(2^{n+1}+1-x)$의 그래프의 교점의 x좌표는 $\log_2(x+1)=\log_2(2^{n+1}+1-x)$에서
$x+1=2^{n+1}+1-x$, $2x=2^{n+1}$ $\therefore x=2^n$
이때, 교점의 y좌표는 $y=\log_2(2^n+1)$
n이 자연수이면 $2^n<2^n+1<2^{n+1}$이므로
$$n<\log_2(2^n+1)<n+1$$

자연수 k $(1 \le k \le n)$에 대하여 직선 $y=k$와 두 함수
$y=\log_2(x+1)$, $y=\log_2(2^{n+1}+1-x)$의 그래프의 교점의 x좌표는 각각
$\log_2(x+1)=k$에서 $x=2^k-1$
$\log_2(2^{n+1}+1-x)=k$에서
$2^{n+1}+1-x=2^k$ $\therefore x=2^{n+1}+1-2^k$
따라서 다음 그림과 같다.

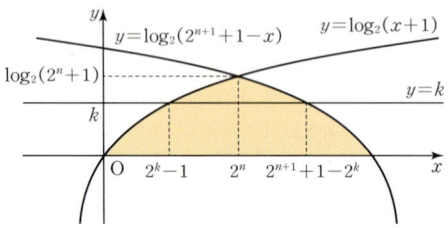

직선 $y=k$ 위에 있는 주어진 조건을 만족시키는 점의 개수는
$2^k-1 \le x \le 2^{n+1}+1-2^k$에서
$(2^{n+1}+1-2^k)-(2^k-1)+1=2^{n+1}+3-2^{k+1}$
이므로
$$a_n = \sum_{k=1}^{n}(2^{n+1}+3-2^{k+1}) = n(2^{n+1}+3)-\sum_{k=1}^{n}2^{k+1}$$
$$\therefore a_{10}-a_9 = \left\{10\times(2^{11}+3)-\sum_{k=1}^{10}2^{k+1}\right\} - \left\{9\times(2^{10}+3)-\sum_{k=1}^{9}2^{k+1}\right\}$$
$$= (10\times2^{11}-9\times2^{10})+(30-27)-\left(\sum_{k=1}^{10}2^{k+1}-\sum_{k=1}^{9}2^{k+1}\right)$$
$$=(20-9)\times2^{10}+3-2^{11}$$
$$=11\times2^{10}-2\times2^{10}+3$$
$$=9\times2^{10}+3$$
$\therefore m=9$　　　　　　　　　🔘 9

03

$x=1$일 때, $0<y \le 1\times2^1$이므로 순서쌍의 개수는 1×2^1이다.
$x=2$일 때, $0<y \le 2\times2^2$이므로 순서쌍의 개수는 2×2^2이다.
$x=3$일 때, $0<y \le 3\times2^3$이므로 순서쌍의 개수는 3×2^3이다.
　　⋮
$x=n$일 때, $0<y \le n\times2^n$이므로 순서쌍의 개수는 $n\times2^n$이다.
따라서 두 자연수 x, y의 순서쌍 (x, y)의 개수 a_n은
$a_n = 1\times2^1+2\times2^2+3\times2^3+\cdots+n\times2^n$ ······ ㉠
$2a_n = 1\times2^2+2\times2^3+3\times2^4+\cdots+n\times2^{n+1}$ ······ ㉡
㉠$-$㉡을 하면
$-a_n = 2+2^2+\cdots+2^n-n\times2^{n+1}$
$$= \frac{2(2^n-1)}{2-1}-n\times2^{n+1}$$
$$= -(n-1)2^{n+1}-2$$
따라서 $a_n=(n-1)2^{n+1}+2$이므로
$\dfrac{a_{21}-2}{a_{17}-2} = \dfrac{20\times2^{22}}{16\times2^{18}}=20$　　　　🔘 20

04

자연수 중 홀수를 나열하면 1, 3, 5, $\cdots$이므로 첫째항이 1이고 공차가 2인 등차수열이다. 따라서 k번째 홀수는 $2k-1$이다.
n번째 줄에 배열되어 있는 홀수의 개수는 n이므로 1번째 줄부터 8

번째 줄까지 배열되어 있는 홀수의 개수는
$$1+2+3+\cdots+8 = \frac{8\times9}{2}=36$$
따라서 9번째 줄에 배열되어 있는 홀수는 37번째 홀수부터 45번째 홀수까지이므로
$$a_9 = 73+75+77+\cdots+89 = \frac{9\times(73+89)}{2}=729$$
마찬가지로 10번째 줄에 배열되어 있는 홀수는 46번째 홀수부터 55번째 홀수까지이므로
$$a_{10} = 91+93+95+\cdots+109 = \frac{10\times(91+109)}{2}=1000$$
$\therefore a_{10}-a_9 = 1000-729=271$　　　　🔘 271

05

$[x]=k$ $(k$는 자연수$)$라 하면
$k \le x < k+1$, $k^2 \le x^2 < (k+1)^2$
$\therefore k^2 \le x^2 < k^2+2k+1$　　　　　······ ㉠
$\dfrac{x^2}{[x]}$이 자연수이려면 x^2은 자연수이고 $[x](=k)$의 배수이어야 하므로 ㉠에서 x^2으로 가능한 값은
k^2, k^2+k, k^2+2k
즉, $[x]=k$일 때 조건을 만족시키는 x의 값은
$k, \sqrt{k^2+k}, \sqrt{k^2+2k}$
$\therefore a_{300} = \sqrt{100^2+2\times100}=10\sqrt{102}$

/ 다른 풀이 /
수열 $\{a_n^2\}$은
1, 2, 3, 4, 6, 8, 9, 12, 15, 16, $\cdots$
세 항씩 묶어 하나의 군으로 생각하면
$(1, 2, 3)$, $(4, 6, 8)$, $(9, 12, 15)$, $\cdots$
이때, 제 n군은 첫째항이 n^2이고 공차가 n인 등차수열이다.
(a_1^2, a_2^2, a_3^2), (a_4^2, a_5^2, a_6^2), (a_7^2, a_8^2, a_9^2), $\cdots$이므로
a_{300}^2은 제100군의 세 번째 항이다. 즉,
$a_{300}^2 = 100^2+(3-1)\times100=10200$
$\therefore a_{300} = \sqrt{10200}=10\sqrt{102}$　　　　🔘 ⑤

06

주어진 조건에 따라 두 점 A_n, B_n $(n=1, 2, 3, \cdots)$을 잡으면 다음과 같다.
$A_1(1, 0)$, $A_2(2, 0)$, $A_3(2^2, 0)$, $A_4(2^3, 0)$, $\cdots$, $A_n(2^{n-1}, 0)$, $\cdots$
$B_1(0, 1)$, $B_2(0, 2)$, $B_3(0, 2^2)$, $B_4(0, 2^3)$, $\cdots$, $B_n(0, 2^{n-1})$, $\cdots$
즉, 선분 A_nB_n 위에 찍힌 점의 개수는 $2^{n-1}+1$이다.
따라서 선분 A_1B_1부터 선분 A_nB_n까지 찍힌 점의 개수는
$$\sum_{k=1}^{n}(2^{k-1}+1) = \frac{2^n-1}{2-1}+n = 2^n+n-1$$
이때, $n=6$일 때 $2^6+6-1=69$, $n=7$일 때 $2^7+7-1=134$
이므로 72번째 점 (a_{72}, b_{72})는 선분 A_7B_7 위의 3번째 점이다.
따라서 점 (a_{70}, b_{70})은 점 $(2^6, 0)$, 점 (a_{71}, b_{71})은 점 $(2^6-1, 1)$, 점 (a_{72}, b_{72})는 점 $(2^6-2, 2)$이므로
$a_{72}-b_{72} = (2^6-2)-2=60$　　　　🔘 60

03 수학적 귀납법

본문 48 ~ 49쪽

개념 & 대표 유형 짚어보기

01 ⑤　**02** 31　**03** ①　**04** 52　**05** 45　**06** 13

07 ②

01

$a_1=2$이고 $2(S_2+S_1)=a_2{}^2$이므로

$2(a_2+2+2)=a_2{}^2$, $a_2{}^2-2a_2-8=0$

$(a_2+2)(a_2-4)=0$

$\therefore a_2=4\ (\because a_2>0)$

$2(S_{n+1}+S_n)=a_{n+1}{}^2$ ...... ㉠

$2(S_n+S_{n-1})=a_n{}^2$ (단, $n\geq2$) ...... ㉡

㉠$-$㉡을 하면

$2(S_{n+1}-S_{n-1})=a_{n+1}{}^2-a_n{}^2$ (단, $n\geq2$) ...... ㉢

이때, $S_n-S_{n-1}=a_n\ (n\geq2)$이므로

$S_{n+1}-S_{n-1}=a_{n+1}+a_n$ (단, $n\geq2$)

㉢에서 $2(a_{n+1}+a_n)=a_{n+1}{}^2-a_n{}^2$

$2(a_{n+1}+a_n)=(a_{n+1}-a_n)(a_{n+1}+a_n)$ (단, $n\geq2$)

그런데 모든 항이 양수이므로

$a_{n+1}-a_n=2$ (단, $n\geq2$)

이때, $a_2-a_1=4-2=2$이므로 모든 자연수 n에 대하여

$a_{n+1}-a_n=2$

따라서 수열 $\{a_n\}$은 첫째항이 2이고 공차가 2인 등차수열이므로

$a_n=2+(n-1)\times2=2n$

$\therefore a_{17}=34$ **답** ⑤

02

자연수 m에 대하여 수열 $\{a_{2m-1}\}$은

$\{a_{2m-1}\}$: 1, 9, 25, 49, 81, 121, …

n이 짝수일 때 세 수 a_{n-1}, a_n, a_{n+1}은 등비수열을 이루므로 수열 $\{a_{2m}\}$은

$\{a_{2m}\}$: $\sqrt{1\times9}$, $\sqrt{9\times25}$, $\sqrt{25\times49}$, $\sqrt{49\times81}$, …

따라서 수열 $\{a_n\}$에 대하여

$a_{2m-1}=(2m-1)^2$, $a_{2m}=(2m-1)(2m+1)$,

$a_{2m+1}=(2m+1)^2$, $a_{2m+2}=(2m+1)(2m+3)$

(i) $a_{2m+1}-a_{2m-1}=(2m+1)^2-(2m-1)^2=8m$

　그런데 조건 ㈏에서 $8m=124$를 만족시키는 자연수 m은 존재하지 않는다.

(ii) $a_{2m+2}-a_{2m}=(2m+1)(2m+3)-(2m-1)(2m+1)$
$=4(2m+1)$

　조건 ㈏에서 $4(2m+1)=124$이므로 $m=15$

　$m=15$일 때, $a_{30}=29\times31=899$, $a_{31}=31^2=961$,

　$a_{32}=31\times33=1023$이므로

　$2a_{31}=a_{30}+a_{32}$, 즉 조건 ㈎를 만족시킨다.

(i), (ii)에 의하여 구하는 자연수 k의 값은

$k=31$ **답** 31

03

$a_{n+1}=a_n+(-1)^n\times\dfrac{2n+1}{n(n+1)}$

$\qquad=a_n+(-1)^n\left(\dfrac{1}{n}+\dfrac{1}{n+1}\right)$

n에 1, 2, 3, …, $n-1$을 차례로 대입하여 변끼리 더하면

$a_2=a_1-\left(\dfrac{1}{1}+\dfrac{1}{2}\right)$

$a_3=a_2+\left(\dfrac{1}{2}+\dfrac{1}{3}\right)$

$a_4=a_3-\left(\dfrac{1}{3}+\dfrac{1}{4}\right)$

$\vdots$

$+\ )\ a_n=a_{n-1}+(-1)^{n-1}\left(\dfrac{1}{n-1}+\dfrac{1}{n}\right)$

$a_n=a_1+\left\{-\left(\dfrac{1}{1}+\dfrac{1}{2}\right)+\left(\dfrac{1}{2}+\dfrac{1}{3}\right)-\left(\dfrac{1}{3}+\dfrac{1}{4}\right)+\cdots\right.$

$\left.+(-1)^{n-1}\left(\dfrac{1}{n-1}+\dfrac{1}{n}\right)\right\}$

$\therefore a_n=2+\left\{-1+\dfrac{(-1)^{n-1}}{n}\right\}$

$\qquad=1+\dfrac{(-1)^{n-1}}{n}$

$\therefore a_{20}=1+\dfrac{(-1)^{19}}{20}=1-\dfrac{1}{20}=\dfrac{19}{20}$ **답** ①

04

n이 홀수이면 $a_n+a_{n+1}=1$

n이 짝수이면 $a_n+a_{n+1}=3$

$a_1=1$이므로 수열 $\{a_n\}$의 각 항을 나열하면 다음과 같다.

$\{a_n\}$: 1, 0, 3, -2, 5, -4, 7, -6, 9, …

자연수 k에 대하여

수열 $\{a_{2k-1}\}$은 첫째항이 1이고 공차가 2인 등차수열이므로

$a_{2k-1}=2k-1$

수열 $\{a_{2k}\}$는 첫째항이 0이고 공차가 -2인 등차수열이므로

$a_{2k}=-2k+2$

그런데

$a_{2k+1}-a_{2k}=(2k+1)-(-2k+2)=4k-1>0$,

$a_{2k}-a_{2k-1}=(-2k+2)-(2k-1)=-4k+3<0$

이므로 $a_{n+1}-a_n>0$이려면 n이 짝수, 즉 $n=2k$이어야 한다.

$a_{n+1}-a_n>100$에서

$a_{n+1}-a_n=a_{2k+1}-a_{2k}=4k-1>100$

$4k>101$　$\therefore k\geq26\ (\because k$는 자연수$)$

따라서 $a_{n+1}-a_n>100$을 만족시키는 자연수 n의 최솟값은 52이다. **답** 52

05

n회 시행 후 두 용기 A, B에 들어 있는 물의 양을 각각 a_n, b_n이라 하면 $(n+1)$회 시행 후 두 용기 A, B에 들어 있는 물의 양 a_{n+1}, b_{n+1}은 각각

$a_{n+1}=a_n-\dfrac{1}{3}(a_n-b_n)+1=\dfrac{2}{3}a_n+\dfrac{1}{3}b_n+1$ ...... ㉠

$b_{n+1}=b_n+\dfrac{1}{3}(a_n-b_n)-1=\dfrac{1}{3}a_n+\dfrac{2}{3}b_n-1$ ...... ㉡

㉠－㉡을 하면

$$a_{n+1}-b_{n+1}=\frac{1}{3}(a_n-b_n)+2$$

$$\therefore a_{n+1}-b_{n+1}-3=\frac{1}{3}(a_n-b_n-3) \qquad \cdots\cdots ㉢$$

이때, 처음 A와 B에 담긴 물의 양의 차는 $12-3=9$이므로 1회 시행 후 두 용기 A, B에 들어 있는 물의 양은 각각

$$a_1=12-\frac{1}{3}\times9+1=10$$

$$b_1=3+\frac{1}{3}\times9-1=5$$

따라서 ㉢에서 수열 $\{a_n-b_n-3\}$은 첫째항이

$$a_1-b_1-3=10-5-3=2$$

이고, 공비가 $\frac{1}{3}$인 등비수열이므로

$$a_n-b_n-3=2\times\left(\frac{1}{3}\right)^{n-1}$$

$$\therefore a_n-b_n=3+2\times\left(\frac{1}{3}\right)^{n-1}$$

$a_7-b_7=3+2\times\left(\frac{1}{3}\right)^6$이므로 $p=3$, $q=6$

$$\therefore p^2+q^2=3^2+6^2=45 \qquad \text{🅐 } 45$$

06

자연수 n에 대하여 $A_n(a_n, 3)$, $B_n(a_n, 2)$이므로 직선 OB_n의 방정식은 $y=\frac{2}{a_n}x$

직선 $y=\frac{2}{a_n}x$와 직선 $y=3$의 교점이 A_{n+1}이므로 점 A_{n+1}의 x좌표는 $\frac{2}{a_n}x=3$에서

$$x=\frac{3}{2}a_n \qquad \therefore a_{n+1}=\frac{3}{2}a_n$$

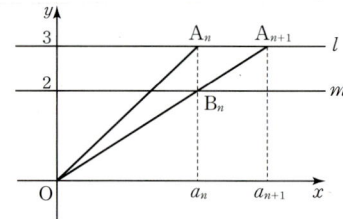

따라서 수열 $\{a_n\}$은 첫째항이 1이고 공비가 $\frac{3}{2}$인 등비수열이므로

$$a_n=\left(\frac{3}{2}\right)^{n-1}$$

$a_n>100$에서 $\left(\frac{3}{2}\right)^{n-1}>100$

양변에 상용로그를 취하면

$$(n-1)\log\frac{3}{2}>\log100$$

$$(n-1)(\log3-\log2)>2$$

$$(n-1)(0.48-0.30)>2$$

$$(n-1)\times0.18>2$$

$$n-1>11.1\cdots \qquad \therefore n>12.1\cdots$$

따라서 자연수 n의 최솟값은 13이다. 🅐 13

07

(i) $n=1$일 때,

$$(\text{좌변})=\frac{1}{1+1}=\frac{1}{2}, \ (\text{우변})=\frac{1}{1}-\frac{1}{2}=\frac{1}{2}$$

따라서 주어진 등식은 성립한다.

(ii) $n=k$일 때, 주어진 등식이 성립한다고 가정하면

$$\sum_{i=1}^{k}\frac{1}{k+i}=1-\frac{1}{2}+\frac{1}{3}-\frac{1}{4}+\cdots+\frac{1}{2k-1}-\frac{1}{2k}$$

이므로

$$\frac{1}{k+1}+\frac{1}{k+2}+\cdots+\frac{1}{k+k}$$

$$=1-\frac{1}{2}+\frac{1}{3}-\frac{1}{4}+\cdots+\frac{1}{2k-1}-\frac{1}{2k} \qquad \cdots\cdots ㉠$$

$n=k+1$일 때,

$$\sum_{i=1}^{k+1}\frac{1}{(k+1)+i}$$

$$=\frac{1}{(k+1)+1}+\frac{1}{(k+1)+2}+\cdots+\frac{1}{2(k+1)}$$

$$=\frac{1}{k+1}+\frac{1}{k+2}+\frac{1}{k+3}+\cdots+\frac{1}{2k+1}+\frac{1}{2k+2}-\boxed{\frac{1}{k+1}}$$

$$=\left(\frac{1}{k+1}+\frac{1}{k+2}+\cdots+\frac{1}{2k}\right)+\frac{1}{2k+1}+\frac{1}{2k+2}-\frac{1}{k+1}$$

$$=\left(1-\frac{1}{2}+\frac{1}{3}-\frac{1}{4}+\cdots+\frac{1}{2k-1}-\frac{1}{2k}\right)$$

$$\qquad\qquad +\frac{1}{2k+1}+\frac{1}{2(k+1)}-\frac{1}{k+1} \ (\because ㉠)$$

$$=1-\frac{1}{2}+\frac{1}{3}-\frac{1}{4}+\cdots+\frac{1}{2k-1}-\frac{1}{2k}+\frac{1}{2k+1}-\boxed{\frac{1}{2k+2}}$$

따라서 $n=k+1$일 때에도 주어진 등식은 성립한다.

(i), (ii)에 의하여 모든 자연수 n에 대하여 주어진 등식은 성립한다.

따라서 $f(k)=\frac{1}{k+1}$, $g(k)=\frac{1}{2k+2}$이므로

$$f(4)\times g(3)=\frac{1}{5}\times\frac{1}{8}=\frac{1}{40} \qquad \text{🅐 ②}$$

심화 유형 도전하기 본문 50 ~ 51쪽

01 ② **02** ⑤ **03** ① **04** 13 **05** ③

01

n이 홀수이면 $a_na_{n+1}=\frac{1}{2}$

n이 짝수이면 $a_na_{n+1}=\frac{3}{2}$

$a_1=1$이므로 수열 $\{a_n\}$의 각 항을 나열하면 다음과 같다.

$$\{a_n\} : 1, \ \frac{1}{2}, \ 3, \ \frac{1}{6}, \ 9, \ \frac{1}{18}, \ 27, \ \cdots$$

이때, 수열 $\{a_{2n-1}\}$은 첫째항이 1이고 공비가 3인 등비수열이고, 수열 $\{a_{2n}\}$은 첫째항이 $\frac{1}{2}$이고 공비가 $\frac{1}{3}$인 등비수열이므로

$A = \sum_{n=1}^{20} a_n$

$= \sum_{n=1}^{10} (a_{2n-1} + a_{2n})$

$= \sum_{n=1}^{10} a_{2n-1} + \sum_{n=1}^{10} a_{2n}$

$= \dfrac{3^{10}-1}{3-1} + \dfrac{\dfrac{1}{2}\left\{1-\left(\dfrac{1}{3}\right)^{10}\right\}}{1-\dfrac{1}{3}}$

$= \dfrac{1}{2}(3^{10}-1) + \dfrac{3}{4}\left\{1-\left(\dfrac{1}{3}\right)^{10}\right\}$

$= \dfrac{3^{10}}{2} - \dfrac{1}{2} + \dfrac{3}{4} - \dfrac{3}{4}\left(\dfrac{1}{3}\right)^{10}$

$= \dfrac{3^{10}}{2} - \dfrac{3}{4}\left(\dfrac{1}{3}\right)^{10} + \dfrac{1}{4}$

한편, 수열 $\left\{\dfrac{1}{a_n}\right\}$의 각 항을 나열하면 다음과 같다.

$\left\{\dfrac{1}{a_n}\right\}$: $1,\ 2,\ \dfrac{1}{3},\ 6,\ \dfrac{1}{9},\ 18,\ \dfrac{1}{27},\ \cdots$

이때, 수열 $\left\{\dfrac{1}{a_{2n-1}}\right\}$은 첫째항이 1이고 공비가 $\dfrac{1}{3}$인 등비수열이고,

수열 $\left\{\dfrac{1}{a_{2n}}\right\}$은 첫째항이 2이고 공비가 3인 등비수열이므로

$\sum_{n=1}^{20} \dfrac{1}{a_n} = \sum_{n=1}^{10} \dfrac{1}{a_{2n-1}} + \sum_{n=1}^{10} \dfrac{1}{a_{2n}}$

$= \dfrac{1-\left(\dfrac{1}{3}\right)^{10}}{1-\dfrac{1}{3}} + \dfrac{2(3^{10}-1)}{3-1}$

$= \dfrac{3}{2}\left\{1-\left(\dfrac{1}{3}\right)^{10}\right\} + (3^{10}-1)$

$= \dfrac{3}{2} - \dfrac{3}{2}\left(\dfrac{1}{3}\right)^{10} + 3^{10} - 1$

$= 3^{10} - \dfrac{3}{2}\left(\dfrac{1}{3}\right)^{10} + \dfrac{1}{2}$

$= 2\left\{\dfrac{3^{10}}{2} - \dfrac{3}{4}\left(\dfrac{1}{3}\right)^{10} + \dfrac{1}{4}\right\}$

$= 2A \left(\because A = \dfrac{3^{10}}{2} - \dfrac{3}{4}\left(\dfrac{1}{3}\right)^{10} + \dfrac{1}{4}\right)$ **답 ②**

02

ㄱ. $a_{2n} = a_n + 1$, $a_{2n+1} = a_n - 1$이므로

$a_6 = a_3 + 1 = (a_1 - 1) + 1 = 1$ (참)

ㄴ. $n = 2^k$이면

$a_n = a_{2^k} = a_{2^{k-1}} + 1 = a_{2^{k-2}} + 2 = \cdots$

$= a_2 + (k-1) = (a_1 + 1) + (k-1) = k+1$

따라서 $n = 2^k$이면 $a_n = k+1$이다. (참)

ㄷ. $a_{2n} = a_n + 1$, $a_{2n+1} = a_n - 1$의 양변을 변끼리 빼면

$a_{2n} - a_{2n+1} = 2$

이때, $n = 2^{k-1}$을 위의 식에 대입하면

$a_{2^k} - a_{2^k+1} = 2$

ㄴ에서 $a_{2^k} = k+1$이므로

$a_{2^k+1} = a_{2^k} - 2 = k-1$

따라서 $n = 2^k + 1$이면 $a_n = k-1$이다. (참)

따라서 ㄱ, ㄴ, ㄷ 모두 옳다. **답 ⑤**

03

조건 ㈎에서 $f(1, n) = f(1, n+1) - 2^n$이므로

$f(1, 1) = f(1, 2) - 2 = 5 - 2 = 3$

$\{f(1, n)\}$을 자연수 n에 대한 수열로 생각하고

$f(1, n+1) = f(1, n) + 2^n$의 n에 1, 2, 3, $\cdots$, $n-1$을 차례대로

대입하여 변끼리 더하면

$f(1, 2) = f(1, 1) + 2^1$

$f(1, 3) = f(1, 2) + 2^2$

$f(1, 4) = f(1, 3) + 2^3$

$\vdots$

$+)\ f(1, n) = f(1, n-1) + 2^{n-1}$

$\overline{f(1, n) = f(1, 1) + 2^1 + 2^2 + 2^3 + \cdots + 2^{n-1}}$

$= f(1, 1) + \dfrac{2(2^{n-1}-1)}{2-1}$

$= 3 + 2^n - 2 = 2^n + 1$

$\therefore f(1, n) = 2^n + 1$ ······ ㉠

또한 조건 ㈏에서 $\{f(k, n)\}$을 자연수 k에 대한 수열로 생각하면

$f(k+1, n) = 3f(k, n) + 2n$에서

$f(k+1, n) + n = 3\{f(k, n) + n\}$

$f(k, n) + n = g(k)$라 하면 $g(k+1) = 3g(k)$이고

$g(1) = f(1, n) + n = 2^n + 1 + n \ (\because ㉠)$

따라서 자연수 k에 대하여 수열 $\{g(k)\}$는 첫째항이 $2^n + 1 + n$이

고, 공비가 3인 등비수열이다.

$g(k) = (2^n + 1 + n) \times 3^{k-1}$이므로

$f(k, n) + n = (2^n + 1 + n) \times 3^{k-1}$

$\therefore f(k, n) = (2^n + 1 + n) \times 3^{k-1} - n$

$\therefore f(6, 5) - f(5, 6)$

$= \{(2^5 + 1 + 5) \times 3^5 - 5\} - \{(2^6 + 1 + 6) \times 3^4 - 6\}$

$= 9234 - 5745$

$= 3484$ **답 ①**

04

점 A_n의 좌표는 $\left(a_n, \dfrac{1}{a_n}\right)$이고, 점 A_n에서의 접선의 기울기를 m

이라 하면 접선의 방정식은

$y = m(x - a_n) + \dfrac{1}{a_n}$

이 접선은 곡선 $y = \dfrac{1}{x}$과 접하므로

$m(x - a_n) + \dfrac{1}{a_n} = \dfrac{1}{x}$에서

$ma_n x(x - a_n) + x = a_n$

$ma_n x^2 - ma_n^2 x + x - a_n = 0$

$ma_n x^2 + (1 - ma_n^2)x - a_n = 0$ ······ ㉠

x에 대한 이차방정식 ㉠의 판별식을 D라 하면 $D = 0$이어야 하므로

$D = (1 - ma_n^2)^2 + 4ma_n^2 = 0$

$1 - 2ma_n^2 + m^2 a_n^4 + 4ma_n^2 = 0$, $m^2 a_n^4 + 2ma_n^2 + 1 = 0$

$(ma_n^2 + 1)^2 = 0$, $ma_n^2 + 1 = 0$

$\therefore m = -\dfrac{1}{a_n^2}$

즉, 접선의 방정식은 $y=-\dfrac{1}{a_n{}^2}(x-a_n)+\dfrac{1}{a_n}$이고,

이 접선과 x축의 교점의 x좌표가 a_{n+1}이므로

$0=-\dfrac{1}{a_n{}^2}(a_{n+1}-a_n)+\dfrac{1}{a_n}$에서

$\dfrac{1}{a_n{}^2}(a_{n+1}-a_n)=\dfrac{1}{a_n}$, $a_{n+1}-a_n=a_n$

$\therefore a_{n+1}=2a_n$

따라서 수열 $\{a_n\}$은 첫째항이 $\dfrac{1}{2}$이고,

공비가 2인 등비수열이므로

$a_n=\dfrac{1}{2}\times 2^{n-1}=2^{n-2}$

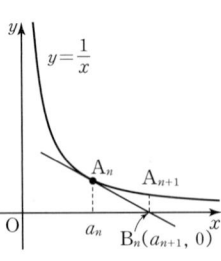

이때, $a_n>2^{10}$에서 $2^{n-2}>2^{10}$, $n-2>10$ $\quad\therefore n>12$

따라서 구하는 자연수 n의 최솟값은 13이다. **답** 13

05

수열 $\{a_n\}$은 $a_1=0$이고,

$\displaystyle\sum_{k=1}^{n}(k+2)a_k=(n+1)a_{n+1}-n(n+1)(n+2)\ (n\geq 1)$

$\qquad\qquad\qquad\qquad\qquad\qquad\qquad \cdots\cdots\ (*)$

이므로 주어진 식 $(*)$에서 $n=1$일 때, $3a_1=2a_2-6$

$\therefore a_2=3$

2 이상의 모든 자연수 n에 대하여

$\displaystyle\sum_{k=1}^{n}(k+2)a_k-\sum_{k=1}^{n-1}(k+2)a_k$

$=(n+1)a_{n+1}-n(n+1)(n+2)-\{na_n-(n-1)n(n+1)\}$

이므로

$(n+2)a_n=(n+1)a_{n+1}-na_n-3n(n+1)$

$(n+1)a_{n+1}=(2n+2)a_n+3n(n+1)$

양변을 $n+1$로 나누면

$a_{n+1}=2a_n+3n$ (단, $n\geq 2$) $\qquad\qquad\cdots\cdots$ ㉠

$a_1=0$, $a_2=3$이므로 ㉠은 $n=1$일 때에도 성립한다.

따라서 모든 자연수 n에 대하여

$a_{n+1}=2a_n+\boxed{3n}$ $\qquad\qquad\qquad\qquad\cdots\cdots$ ㉡

$a_{n+2}=2a_{n+1}+\boxed{3n}+3$ $\qquad\qquad\qquad\cdots\cdots$ ㉢

㉢$-$㉡을 하면 모든 자연수 n에 대하여

$a_{n+2}-a_{n+1}=2(a_{n+1}-a_n)+3$ $\qquad\cdots\cdots$ ㉣

$a_{n+1}-a_n=b_n$이라 하면 ㉣에서 $b_{n+1}=2b_n+3$이므로

$b_{n+1}+3=2(b_n+3)$

$b_1+3=a_2-a_1+3=6$이므로 수열 $\{b_n+3\}$은 첫째항이 6이고 공비가 2인 등비수열이다.

따라서 수열 $\{b_n+3\}$의 일반항은

$b_n+3=6\times 2^{n-1}=3\times 2^n$이므로

$b_n=3\times 2^n-3$

$\therefore a_{n+1}-a_n=3\times 2^n-3$

$a_{n+1}=a_n+3\times 2^n-3$의 n에 $1, 2, 3, \cdots, n-1$을 차례대로 대입하여 변끼리 더하면

$a_2'=a_1+3\times 2^1-3$

$a_3'=a_2'+3\times 2^2-3$

$a_4'=a_3'+3\times 2^3-3$

$\qquad\qquad\vdots$

$\underline{+)\ a_n=a_{n-1}+3\times 2^{n-1}-3}$

$a_n=a_1+\displaystyle\sum_{k=1}^{n-1}(3\times 2^k-3)$

$\therefore a_n=\displaystyle\sum_{k=1}^{n-1}(3\times 2^k-3)$

$\qquad=3\times\dfrac{2(2^{n-1}-1)}{2-1}-3(n-1)$

$\qquad=3\times 2^n-6-3n+3$

$\qquad=3\times 2^n-3n-3$

$\qquad=3\times 2^n-(\boxed{3n+3})$

따라서 $f(n)=3n$, $g(n)=3n+3$이므로

$f(4)=12$, $g(4)=15$

$\therefore f(4)+g(4)=27$ **답** ③

개념 확장 & 수리논술 · 창의사고력 문제 | 본문 **52**쪽

$\dfrac{xy}{x+y}=n$에서 $\dfrac{x+y}{xy}=\dfrac{1}{n}$ $\quad\therefore \dfrac{1}{x}+\dfrac{1}{y}=\dfrac{1}{n}$ $\cdots\cdots$ ㉠

x, y는 자연수이므로 ㉠에서 $x>n$, $y>n$이다.

$\dfrac{xy}{x+y}=n$을 만족시키는 자연수 x를

$x=n+r$ (r는 자연수)

라 하면 ㉠에서

$\dfrac{1}{n+r}+\dfrac{1}{y}=\dfrac{1}{n}$

$\dfrac{1}{y}=\dfrac{1}{n}-\dfrac{1}{n+r}$

$\dfrac{1}{y}=\dfrac{r}{n(n+r)}$

$\therefore y=\dfrac{n(n+r)}{r}=\dfrac{n^2}{r}+n$

따라서 ㉠을 만족시키는 두 자연수 x, y의 순서쌍은

$\left(n+r,\ \dfrac{n^2}{r}+n\right)$이고 $\dfrac{n^2}{r}+n$이 자연수이므로 r는 n^2의 약수이다.

즉, $a_n=(n^2$의 약수의 개수)

$n=2, 3, 4, \cdots, 15$에서

(i) n이 소수, 즉 $n=2, 3, 5, 7, 11, 13$일 때,

$\quad n=p$ (p는 소수)라 하면 $n^2=p^2$이므로

$\quad n^2$의 약수의 개수는

$\quad 2+1=3$

$\quad\therefore a_n=3$

(ii) n이 소수의 제곱수, 즉 $n=2^2$, 3^2일 때,
$n=p^2$ (p는 소수)라 하면 $n^2=p^4$이므로 n^2의 약수의 개수는
$4+1=5$
$\therefore a_n=5$

(iii) n이 소수의 세제곱수, 즉 $n=2^3$일 때,
$n=p^3$ (p는 소수)이라 하면 $n^2=p^6$이므로 n^2의 약수의 개수는
$6+1=7$
$\therefore a_n=7$

(iv) n이 두 개 이상의 소수의 곱으로 이루어질 때,
즉 $n=6$, 10, 12, 14, 15일 때,
$6=2\times3$, $10=2\times5$, $12=2^2\times3$, $14=2\times7$, $15=3\times5$
$n=6$, 10, 14, 15에서
$n=pq$ (p, q는 소수)라 하면 $n^2=p^2q^2$이므로 n^2의 약수의 개수는
$(2+1)\times(2+1)=9$
$\therefore a_n=9$
$n=12$에서 $n=p^2q$ (p, q는 소수)라 하면 $n^2=p^4q^2$이므로 n^2의 약수의 개수는
$(4+1)\times(2+1)=15$
$\therefore a_n=15$

(i)~(iv)에서
$$\sum_{k=2}^{15} a_k=6\times3+2\times5+1\times7+4\times9+1\times15$$
$$=18+10+7+36+15=86$$
답 86

Memo

PROJECT 531

수학 I H

수학 우월하게